東京外国語大学アジア・アフリカ言語文化研究所
叢書 知られざるアジアの言語文化Ⅷ

シャンムーン

― 雲南省・徳宏タイ劇の世界 ―

長谷千代子 訳著
岳　小保 共訳

東京外国語大学
アジア・アフリカ言語文化研究所

「叢書　知られざるアジアの言語文化」刊行にあたって

自己の国家をもたない民族が多数アジアで暮らしています。彼らは、近代領域国家の周縁に置かれており、少数民族と呼ばれています。これまでわれわれは、少数民族の言語・文化に接する機会が少なく、あったとしても、それは往々にして、他の民族のフィルターをとおしてでした。たとえば、和訳された民話や神話などの文献は、ほとんど原語からではなく、英文、仏文や近代国家の標準語からの重訳が多かったことを思い起こせば、この点は容易に理解できるでしょう。

「叢書　知られざるアジアの言語文化」は、少数民族が自身の言語で叙述した歴史と文化に関する口頭伝承や文献を和訳することによって、彼らに対する理解を深め、その思考法に一歩でも近づくためのシリーズです。これによって、より多くの読者が少数民族固有の価値観を熟知するきっかけになればと願っています。

原則として、少数民族の言語から直接和訳することが求められます。少数民族の文字による文献および聞き取りによって採集されたオーラル資料のテキストからの翻訳が主流となりますが、第三者、つまり多数民族の言語と文字を借りて自己表現する場合も無視できません。少数民族はしばしば政治権力を掌握する人々の言語と文字を用いて自己を表現する境遇にあるからです。その場合は、少数民族自身によって語られるか書かれている点、また内容は少数民族の価値観を表している点などが要求されます。

誰しも、表現した内容を相手に理解してもらいたいと望んでいます。相手がそれを理解してくれないことほど悲しいことはありません。多数民族は自己が立てた標準に彼らが達しないことや彼らの思考法が自分たちと異なることを理由に、少数民族を解ろうと努力してこなかった向きがあります。人間の表現は、音で意思を伝達する言葉と符号で意味を伝達する文字に頼っています。言語が異なると意味が通じないのは自明のことわりですが、その言語を習得すれば、言葉の背後に潜む思考法も理解でき、他者の文化的価値観を知る能力が増大することは確かです。

幸い、近年、アジアの少数民族のあいだで長期のフィールドワークをすすめ、多くの困難を克服して彼らの言語と文字を習得した若手研究者が増えています。東京外国語大学アジア・アフリカ言語文化研究所では、そうした若手研究者を共同研究プロジェクトに迎え入れて、所員とともにさまざまなオーラルと文献の資料を和訳し公刊することになりました。少数民族の言語と文化を少しでも多くの日本人に理解していただく一助となればと期待しております。

クリスチャン・ダニエルス（唐　立）
都下府中の研究室にて
2007年10月1日

はじめに

これから皆さんにご紹介するのは、徳宏タイ劇の戯曲「シャンムーン」です。本書でいう「徳宏タイ劇」とは、中国雲南省の西部に位置する徳宏州というところで19世紀に成立した演劇で、現地のタイ族がタイ語で上演します。徳宏地域のタイ族は、広い意味では雲南省の西双版納州やタイ王国、ラオス、それにミャンマーのシャン州などに暮らしているタイ系民族の仲間ですが、言語や風習の面で一定の違いもあるので、ここでは他のタイ系の人々と区別するために、「徳宏タイ族」として紹介します。ちなみに徳宏タイ劇のことを、地元ではタイ語で「ズーン・ダイー」、漢語で「傣戯（ダイシー）」と呼んでいます。

日本人にとって「民族」はあまり身近な概念ではありませんが、中華人民共和国は国内に56の民族を擁する「多民族統一国家」です。国家が少数民族の存在を承認する過程で、徳宏州に住むタイ系の人々は、「傣族（ダイズー）」と呼ばれるようになり、「傣族」としての民族的自覚を高めてきました。徳宏タイ劇は、そうした現代の「傣族」の人々にとって、文化と歴史と民族的誇りの象徴であり、重要な非物質的文化遺産となっています。

しかし「傣族」が認定される以前にも、この地域には言語や習俗の異なるさまざまな人々が共存していました。また、「徳宏タイ劇」が成立する以前にも、いろんな地方からこの地に伝わった多くの民間芸能がありました。今ある「傣族」も「傣戯」も、そうした交流のなかから生まれ、形成されたものです。それは一見完成形のようにも、また昔からずっと変わらず受け継がれてきたもののようにも見えますが、実は過去から未来へと変遷し続ける一つの通過点の姿にすぎません。

本書では、そうした変遷の一端を知るために、「傣族」および「傣戯」の成立過程と歩調を合わせるように形成された戯曲「シャンムーン」の世界を紐解きます。単なる昔話としてでも、現代の新作としてでもなく、その両極を含む歴史の集積としての世界を少しでも紹介できれば幸いです。

＊現地語の発音については、中国語はピンインで、徳宏タイ語はIPA

をもとにした『傣漢詞典』（孟尊賢編著、雲南民族出版社、2007年）の表記で表した。

目　次

I　土地と人々

雲南省徳宏州のタイ族

徳宏タイ劇は、徳宏という場所とその歴史が無ければ生まれなかったかもしれない演劇であり、縁あってこの地に引き寄せられた様々な要素をとり込んで成立している。その経緯を知るために、少し遠回りのようだが、まずは徳宏タイ劇を生み出したタイ族の人々、そしてこの地域の地政学的特徴と歴史について概観する。お急ぎの方は第二章から読み始めても構わないが、もし分かりにくくなったらこの第一章に戻って読むことをお勧めする。

一　徳宏タイ族とその周辺

徳宏タイ劇を生み出したタイ族とはどのような人々なのだろうか。

そもそも、本書で言うところの「徳宏タイ劇」は、漢字で書くと「傣戲〔dai^{3} xi^{4}、ダイ・シー〕」、徳宏のタイ語では ᥓᥫᥒᥰ ᥖᥭᥰ〔$tsəŋ^{55}$ $tăi^{55}$、ズーン・ダイー〕と呼ばれている。「ダイー」は、彼らの自称であり、漢字の「傣」はその自称をもとに1951年に定められた新しい漢字である。なぜ新しい漢字を作ったかといえば、この年、中国共産党が徳宏地区並びに西双版納地区やその他の山地に点在していたタイ系の人々を、中華人民共和国の国民を構成する少数民族の一つとして承認し、まとめて「傣族」と呼ぶことに決めたからである。ちなみに中国国外の、タイ王国のタイ族は「泰族」という表記で区別される。

この「傣族」と現在の徳宏タイ劇の形成には密接な関わりがあるが、これについては、次章で述べることとし、ここでは、近代中国の民族政策によって「傣族」が誕生するまでの、徳宏地域における先住民史を概観しておこう。

徳宏地域における民族の興亡を概観すると、もっとも早くから住んでいたと思われるのは、モン・クメール系の人々である。タイ系の人々は、遅くとも10世紀までに徳宏からミャンマー（ビルマ[1]）シャン州にかけての盆地に住みついたと考えられている。彼らは15世紀に明王朝の支配下に組み込まれたが、水稲耕作によって富と力を蓄え、徳宏地域での政治的優位を確立する。ついでチベット・ビルマ系の人々がチベット南部や四川から17世紀に南下して徳宏に入り、山間部の交通を押さえ、焼畑などを行なってタイ系民族に次ぐ勢力となる。モン・クメール系の人々は数的に僅少となり、主に山間部に暮らしつつも、文化的にはタイ語仏教圏に溶け込んで、目立たない存在になっていく。

清までの中華の諸王朝は、漢文化圏周辺に居住する諸民族に対して、いわば緩やかな文化的同化政策を取っていた。つまり、異民族自身が漢文化圏の周縁で野蛮な民族として見下されることを良しとせず、地位の向上を図りたければ、漢文化を身に付けねばならなかった。そのように漢化する過程で、本来の文化をある程度自覚的に守った民族もいるが、異民族としてのルーツを忘れて完全に漢族化する人々も多かった。徳宏の場合は、中原からかなり遠かったため、諸民族は独自の言語や文化を比較的よく保ったが、明や清から「土司」という官職を授かって現地を支配したタイ族の上層階級は漢文化に対する造詣が深く、自らの先祖を南京からやって来た漢族であると考える者もいた（松本、1987）。

こうした状況が一変するのは、1949年の中華人民共和国の成立である。共産主義の理想を掲げる新中国は自らを「多民族統一国家」と規定し、人口わずか数千人規模の民族をも多民族国家の一員として承認し、民族自治区を設けたり、出産や教育の面で漢族より優遇したりするなど、諸々の政治的権利を与えた。これは、漢族文化を上位に、異民族文化を下位に位置づけるいわゆる華夷秩序を長らく保持してきた中華の歴史において、画期的な政策であった。新中国はこの政策を実践するため、主に1950年代に民族識別工作を行ない、中国領内に住む民族の種類を調査し、個々人の民族的帰属を確定し、自治権を付与できる集住地域を策定していった。現在の「傣族」は、このようにして制度的に認定された55の少数民族の一つなのである。

15世紀頃から新中国建国前夜にかけて、タイ系の諸民族は漢語では「百夷」「擺夷」〔bai^{3} yi^{2}、バイイ〕などと呼ばれていたが、新中国がこうした古称を踏襲しなかったのは、「夷」という蔑視的表現を嫌ったためである。これと前後して、徳宏の山間部に住み、もっぱら「ボンロン族」と蔑称されていたモン・クメール系の人々は「徳昂（ドアン）族」、そしてチベット・ビルマ

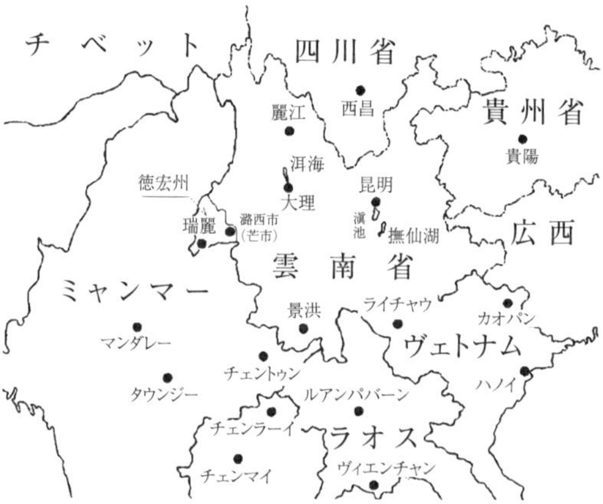

中国、雲南の地図

系の人々は「景頗族（ジンポー）」「阿昌族（アチャン）」「傈僳族（リス）」などの少数民族としてそれぞれ認定された。現在の徳宏州の人口構成では、総人口119万人のうち漢族系の人々が過半数を占め、次いでタイ族が36万人、ジンポー族14万人となっている。

中国領内での主な「傣族」居住地域は、雲南西部の徳宏と雲南南部の西双版納（景洪を中心とする地域）であり、他に思茅や玉渓、臨滄などの雲南中部から西南部にかけても点在する[2]。この三地域のタイ系民族にはさまざまな違いがある。たとえば西双版納の「傣族」は、メコン川の流れる亜熱帯の盆地で水稲耕作を行ない、ラオスや北タイと同系統の上座仏教が盛んで、漢族から見て「タイ的」な異国情緒を保っている。一方徳宏の「傣族」は、山に囲まれたより小さな盆地に分かれて住み、漢族文化の影響を西双版納より早くから受けていたため、漢族からは「漢化した傣族」と見られている。そもそも徳宏は地理的にビルマのシャン州との関係が深く、西双版納とは大河や山脈など険しい地形によって事実上分断されており、実際の交流は現在に至っても少ない。山間部に散居する「傣族」は、またこの両地域とは違って、南伝系の仏教を受容していないのが特徴の一つである。

本書で紹介する「傣戯」は、もっぱら徳宏の「傣族」が主体となって徳宏で作りあげられたものなので、ここでは「徳宏タイ劇」と表記する。また、表記の煩雑さを避けるため、以後本書では単に「タイ族」と書けば徳

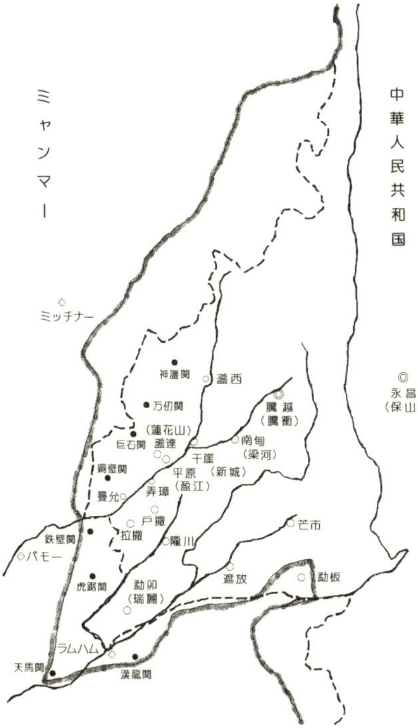

徳宏の地図　『中国歴史地図集』（譚其驤主編、第八冊、地図出版社、一九八七年、四八ページ）をもとに作成
太線は一八二〇年のビルマ－雲南境界、波線は現在の国境線、◎は漢族主体の都市、○は主にタイ族主体の町（カッコ内は現在の地名）、●は関、◇はビルマの都市

宏の「傣族」に相当する人々のことを指すこととし、必要に応じて「西双版納タイ族」「タイ王国のタイ族」のように表記する

二　徳宏の位置と歴史

「徳宏」とはもともとタイ語で ᥖᥝᥱ ᥑᥨᥒᥰ〔taw^{31} xoŋ^{55}、ダウ・ホーン〕、すなわち「サルウィン川下流」を意味する。この一帯には 1000 ～ 2000 メートル級の山々が連なり、その合間の肥沃な盆地で農業を基盤とする社会が形成された。盈江盆地、芒市盆地、瑞麗盆地などは、いずれもタイ系民族が稲作を基盤にして小王国を築いた場所である。このタイ系民族の先祖たちは、遅くとも 10 世紀以来、この地域一帯に点在する盆地ごとに政治

徳宏の農村風景（潞西県芒市芒杏にて二〇〇四年一月二十八日撮影）

的指導者のもとにまとまり、二期作も可能なほどに恵まれたこの土地で水稲耕作をし、16 世紀頃に伝来し始めた南伝系の仏教と古くからの精霊信仰を接合して、現在につながる独特の文化を育んだ。現在の国境を取り払って考えれば、徳宏は中国の「徳宏州」という行政区域としては完結せず、そのままビルマのシャン族地域、さらにはインドのアッサムへと連なっていく。中国側では「傣族」、ビルマ側では「シャン族」と呼び名が変わるが、歴史的にみれば彼らは同系統のタイ系民族と言える。現在の国境線を見れば、ビルマと中国という二つの国家が境を接しているが、実はこの一帯には徳宏全域を含むタイ系民族の文化圏が国境をまたいで存在するのであり、その意味で徳宏は、その北東側の中原王朝世界と西南側の東南アジア・インド世界を分かつと同時につなぎ合わせる場所だったと言える。

こうした地理的条件のもと、様々な人々が徳宏の地を行き交った。交流の大きな機会の一つは、たとえば軍事行動である。土司制度が定着する以前では、3 世紀の蜀の南進、7 ～ 9 世紀の南詔王国による支配、元王朝によるビルマ遠征などが知られている。13 世紀には麓川（現在の瑞麗近辺）を本拠地とするタイ系のスー[3]一族が、現在のアッサムから臨滄、西双版納にまで至る広大な地域に派兵して急激に勢力圏を拡大した。ただし、この動きは、ちょうど全国統一の勢いに乗った明王朝の派兵を招き、麓川勢力は 3 度にわたる征討、いわゆる「三征麓川」を受けて敗北し、徳宏地域は10の土司支配地域に分割統治されることとなった。

これ以降、徳宏には8つの関が置かれ、同時に貿易路が整備され始める。また、近くに中央王朝の軍が駐屯し、騰越と保山という漢族系の城郭都市が発達し、徳宏に漢文化を伝える直接の起点となっていく。

商業活動も、異なる文化や民族を結び付ける交流の大きな機会である。徳宏は、古くは漢代から蜀身毒道の通り道として知られており、清末民初にはビルマ方面から綿花や玉石が、中国内陸部から四川糸その他の雑貨が行き交っていた。山が険しいため、馬幇と呼ばれる馬による運送業の集団が発達し、それぞれの盆地を拠点とした馬幇が行き来して交易を行なった。ただし、漢族系の商人の多くは、言語・風俗習慣の違いやマラリアなどの風土病に対する恐れなどから、徳宏地域に定住しなかったと考えられている。彼らは冬の間だけ徳宏で商売をし、マラリア蚊の増える夏は騰越や保山に引き上げたとされる。近現代の徳宏タイ劇を生み出した干崖(がんあい)という町は、大理、騰越からバモーに至るまさにこの商業路上に位置していた。

清末になると、清国の衰退と西欧列強による植民地化が同時に進行し、この流れに徳宏はいち早く巻き込まれる。現在の徳宏タイ劇が形成されたのはまさにこの時期である。まず、1854年には大理の回教徒杜文秀が清朝に反旗を翻し、のちに徳宏にも一時勢力を拡大した。徳宏土司は当然、清朝側に付いてこれと戦っている。杜文秀の乱が収束に向かう1875年には、マーガリ事件がおこる。これはイギリスの雲南探検隊に同行していた英国駐華公使館員マーガリが徳宏の現地民によって殺害されるという事件で、その背景にはイギリス植民地主義の脅威に対する現地住民の危機感があったと考えられる。イギリスは19世紀後半、インドとビルマを相次いで植民地化し、さらに東進して雲南に食指を伸ばしつつあった。このころの徳宏を清朝中央から見ると、文化徳化[4]の最果ての地から、近代国民国家における国防の最前線へと位置付けが大きく変わりつつあったと言える。

19世紀後半、徳宏にはビルマからイギリス文化が伝えられ、意外にハイカラな雰囲気が漂っていたと思われる。土司の屋敷の一部は洋館となり、幾人かの土司は洋服を着こなし、自動車を運転した。タイ語の語彙の中に、「ソープ（石鹸）」「カー（自動車）」のような英語が入ったのもこの頃であろう。中国側からは民族学者がやって来て、辺政学[5]的視点から、現地民の中国人意識を調査した論文などを書いている。日中戦争が激しくなると、国民党政府は南へ逃げながら連合国からの支援を受けるため、徳宏に援蒋ルートを築いた。日本軍はこの援蒋ルートを逆手にとってビルマ側から徳宏に入り、1942年から2年半芒市を占領したが、それ以上持ちこたえることはできず、再び同じ道を通って敗走した。

援蒋ルートは、徳宏の政治・経済状況に思わぬ影響を及ぼした。それまで雲南内陸部からビルマへは、騰衝から南甸・干崖を通ってバモーへ通じる道が主要路であったが、援蒋ルートは保山から芒市・瑞麗を通ってラムハムへ至る路線で開発され、以後徳宏の政治・経済はこの道路沿いに発展していく。そのため、19世紀末頃から1920年代までは干崖に集まりやすかった人や物資の流れが、1930年代からは芒市に集まるようになった。しかも大型車の輸送路が整備されたため、以前とは段違いの勢いで漢族系の人々が芒市・瑞麗方面へ大量に移住しはじめた。1950年までに、徳宏の人口構成比は漢族が過半数を占めるようになった。徳宏の大部分は現在も豊かな水稲耕作地帯だが、漢族系の移民が多い都市部では、急激に観光開発と都市化が進みつつある。

このように、徳宏州では軍事活動や商業活動によって多くの人々が行き交い、移住してきた。のちに徳宏タイ劇を形作るさまざまな民間芸能は、こうした活動とその担い手である人々によってこの徳宏にもたらされた。その意味では、徳宏タイ劇はタイ族という一民族の芸能であるにとどまらず、徳宏という多民族交流の場所を象徴しているともいえよう。

注

1　現在、日本では「ミャンマー」という呼称が定着しているが、歴史上の記述などでは「ビルマ」のほうが馴染むので、以下、主に「ビルマ」を使用する。

2　2010年の中国全国普査によれば、傣族総人口126万人のうち122万人が雲南省に住んでおり、そのうちの約36万人が徳宏に、約32万人が西双版納にいるとされる。

3　ᦉᦵᦲ〔$sə^{35}$〕。もともとの意味は「虎」だが、中国風の姓としては発音から「思」の字が充てられた。

4　近代国家が領土防衛のため国境地帯を重視するのに対し、前近代の王権国家にとっては、王（帝）の威徳が及ぶところまでが領土であり、徳化が及ばない土地は単に未開の地としてほとんど関心の外に置かれた。

5　近代国家経営の視点から、辺境地域の政治や文化を調査する学問。

Ⅱ　徳宏タイ劇

一　概説

徳宏タイ劇は、主に徳宏州で19世紀半ばから現在にかけて発達してきた。主な特徴は全編タイ語で演じられ、セリフよりも歌が多く、独特の節回しで語られることである。中国では漢文化の影響が強く、少数民族の演劇であっても漢語で演じられることが多いため、タイ語で上演する徳宏タイ劇は希少な演劇形態であると言える。

徳宏タイ劇には、新タイ劇と古タイ劇の区別がある。

古タイ劇は1930年代までに出来上がった型のようなものを保持しており、古典的作品を古い台本をもとにして上演する。主な演目のほとんどが漢族の物語をタイ語に翻案したものである。演技は歌と緩やかな舞いが中心で、戦いの場面以外は大きな動作も少ない。衣装はタイ独自の美学を残しながらも、京劇風の掛け髯や臉譜、靠旗などを用いる点で、京劇や花灯戯[1]などの漢族演劇の影響を強く受けたことが分かる。演者は男性ばかりで、女性役も男性が女装して演じる。舞台中央の奥にᥛᥨᥴ ᥓᥫᥒᥰ〔mo^{35} tsəŋ^{55}、モー・ズーン〕、すなわち「劇師」と言われる総合演出家のような人が座り、セリフを忘れた演者にプロンプトすることがあるのも大きな特徴である。伴奏楽器は打楽器のみで、弦楽器は使用されない。タイ族社会の中の上流階級である土司の一族が積極的に関わってできた演劇なので、日本のように演者が極端に卑賤視された形跡はほとんどない。むしろ土司一族自らが舞台に立つこともあり、脚本の編者にも土司一族出身者が多かった。土司の邸宅の中にはタイ劇用の舞台を具えたものもあった。現在では農村で趣味ないし余暇活動として上演されることが多い。これは、土司一族が1920年代に、各村に余暇での演劇活動を推奨した伝統が残っていたこと、そして1980年代以降は、徳宏州政府が文化保護の観点からこれを奨励したことによると思われる。かつて村の寺の境内に設けられていた木造の常設舞台の多くは、現在ではコンクリートとトタン屋根の簡素な文化站に代わり、一部の村では引き続き上演活動が行われている。ただし1990年代には、テレビその他の娯楽が普及し、各地農村での上演は急速に減少した。現在比較的よく上演が見られるのは、盈江旧城[2]、蓮花山な

古タイ劇（盈江県新城広丙にて二〇〇五年二月十四日撮影）

新タイ劇（潞西県芒市菩提寺にて一九九六年十月二十八日撮影）

ど、ごく一部地域となっている。

新タイ劇は、特に1950年代から、照明や効果音などの近代的技術を積極的に取り入れて発展してきた。演目については、古タイ劇作品から民間説話や小説まで、あらゆる物語をベースに脚本化できる柔軟性があるが、古タイ劇よりもタイらしさを感じさせるテーマを意識的に選ぶ傾向がある。演技はやはり歌が中心だが、セリフや写実的な仕草を古タイ劇よりもずっと多く取り入れている。衣装もタイ族伝統の民族衣装に近く、臉譜はほとんど使わない。男性役は男性が、女性役は女性が演じる。伴奏楽器には胡弓や笛が取り入れられ、歌の旋律をリードする。政治的な記念式典などの機会には、広場や大ホールなど設備の整った舞台で上演されるため、照明や音響、大道具などの面でかなり近代的な演出が見られる。

古タイ劇と新タイ劇の分岐は、1950年代の演劇改造運動に求められる。このとき中国共産党は、少数民族が文化面で近代化を遂げることを奨励したが、そこで意図されている演劇の「近代化」には、京劇役者にタイ劇役者を弟子入りさせて京劇風のセリフ術を学ばせたり、伴奏楽器の種類を増やしたり、マルクス主義思想を宣伝するための政治的テーマを盛り込んだりと、外来的な要素を拙速に接ぎ木するような一面があった。こうした革新的な新タイ劇の取り組みは、大躍進や文化大革命で何度か頓挫しつつも、1985年から本格的な活動を始めた徳宏州タイ劇団という専業の演劇集団によって現在も続けられている。

以下、このような徳宏タイ劇の歴史と現況について紹介するが、今回参考にした資料や文献は、ほとんどが中国人研究者によって作成されたものであることを注記しておきたい。先述したように、徳宏地域はビルマのシャン族とも古くから文化的な繋がりがあり、芸能についてもその影響を受けた可能性は十分に考えられるが、中国国内での研究は漢族文化の影響に関心が偏るきらいがある。とはいえシャン州についての資料は非常に限られており、管見のかぎりシャン州の演劇に関する研究は見当たらない。今後の研究の進展に期待したい。

二　歴史

1．諸芸能の痕跡

19世紀半ばから干崖で加速した徳宏タイ劇の成立過程を見る前に、のちにいわばその部品となった古い要素を中心に、まずは成立前史を概観しておこう。

徳宏タイ劇の最大の特徴は、徳宏タイ語による独特の節回しである。その最古の形態としてしばしば挙げられるのは、「ハーム・ヤモット」と

誦経（潞西県芒市芒杏寺にて一九九八年八月十四日撮影）

「ハーム・ホーリック」[3]である。徳宏では死者の口寄せや神降ろしなどのいわゆるシャーマニズム的な活動が行なわれており、そこでは神や死者の言葉はしばしば独特の節回しに乗せて伝えられる。「ハーム・ヤモット」とは、そうしたシャーマンの活動から派生したと考えられている調子である。一方、「ハーム・ホーリック」というのは、仏教経典を誦読する際の節回しである。徳宏には16世紀以降、南伝系の仏教[4]が徐々に伝来し始め、現在では仏教行事の折りに誦経する伝統が定着している。徳宏タイ族の誦経とは、僧侶がパーリ語のパリッタを唱えるのとは違って、一般信徒の代表が古タイ語で書かれた仏教故事[5]を独特の節回しで読むのである。

とはいえ、この二つの調子が古タイ劇の中でそのまま使われることはほとんどない。現在徳宏タイ劇で主に使われる調子は ᥑᥣᥛᥰ ᥓᥫᥒᥰ〔xam^{55} $tsəŋ^{55}$、ハーム・ズーン〕、つまり「タイ劇調」であり、徳宏地方の民謡とより似ている印象を受ける。演劇の始まりを宗教に求めようとする研究者の先入観が「ハーム・ヤモット」と「ハーム・ホーリック」をむりやり担ぎ出した可能性もあり、一つの説として参考までに記しておくにとどめたい。

この他に、徳宏タイ劇を専門的に研究してきた施之華は、タイ劇での伴奏楽器の使用方法や歌い方が江西の弋陽腔[6]に似ているので、おそらく明初には、徳宏でも弋陽腔による芸能が流行していて、それが徳宏タイ劇の源流の一つとなったのではないかと推測している。施はその傍証として、

1583年頃成立の朱孟震『西南夷風土記』の「江頭城（今の瑞麗江とイラワジ川が交わるところ）の外に大明街があり、閩（福建)、広（広東)、江（長江流域)、蜀（四川）から来た商人や芸人が数万人いる」という記述や、魏良輔の『南詞引正』にある「徽州、江西、福建倶作弋陽腔、永楽間雲、貴二省皆作之（徽州、江西、福建では弋陽腔が広まり、永楽年間には雲南や貴州でも皆これを歌った)」という記述を挙げている［施　1995：118]。また、三征麓川に参加した沐昂将軍の『勐撒謡』には、麓川では当時「歌戯已蓋世（歌や演劇が大流行している)」とあり、盈江に近い戸撒という地域には明初洪武年間（1368-1398）に江西からやって来た芸人がここに住みついたことを示す墓碑が残っているという［施　1995：66][7]。

洪武年間といえば、明の洪武帝が雲南を平定し、元代に設置された土司制度を踏襲・強化して辺地の安寧をはかろうとした時期である。しかし、麓川のタイ系土司であるスー一族が不穏な動きを示したため、明は洪武14年（1381）に30万の大軍を雲南に派遣する。その後しばらく明は麓川土司の懐柔を試みるが成功せず、正統年間の三度の出兵によって麓川を平定する。これによって戸撒は麓川の支配を脱し、正統7年（1442）には対麓川討伐軍から派遣されてきた四川出身の頼羅義という者が駐屯する。以後彼とその一隊はここに定着して地元民と通婚し[8]、のちには戸撒の土司を世襲するようになる［政協隴川県文史委、隴川県史誌辦編　2002：7]。なお、明は雲南平定後から江西を中心とした長江下流域北西岸の地方の人々を大量に移住させていることから、徳宏に江西からの芸人がやって来て、ここに当時の芸能を伝えた可能性は確かにある。また、明初期には戸撒の皇閣寺境内で上演する劇団が3、4組もあり、清の康熙18年（1679）には戸撒の土司頼国宣が騰越から芸人を招いて指導させ､康熙20年（1681）には『鯉魚』を上演するなど、古くから演劇が盛んな土地であったと思われる。しかも、清咸豊年間（1851-1861）には、干崖土司と戸撒土司は姻戚関係にあったこと［政協隴川県文史委、隴川県史誌辦編　2002：56］などを考えると、先行研究では明確には指摘されていないが、戸撒の演劇が徳宏タイ劇形成に貢献した可能性も吟味する必要があるように思われる。

さらに、徳宏タイ劇のルーツと考えられる「ᥙᥧᥱ ᥗᥧᥢᥱ ᥘᥣᥴ ᥕᥣ ᥔᥨᥒᥱ ᥑᥝᥲ〔pu^{11} $th\text{ə}n^{11}$ la^{55} ja^{33} $so\text{ŋ}^{11}$ $x\text{ă}u^{31}$、ブ・タンナ・ヤ・ソンハウ〕」と「ᥚᥣᥳ

ᥛᥣᥴ ᥔᥤᥙᥱ ᥔᥩᥒᥱ〔ma[53] sip[35] sɛŋ[35]、マ・シップソン〕」という作品は、いずれも漢族の演目との類似性が指摘されている。

まず、「ブ・タンナ・ヤ・ソンハウ」とは、「お爺さんが田を耕し、お婆さんがご飯を持って来る」という意味で、田園生活の一部を切り取った小品である。お爺さんが孫に犁の使い方を教え、孫はだんだん上手くなる。一休みして近くの寺院に行って五穀豊穣を祈り、再び田畑に戻って孫が牛を放牧していると、お婆さんがご飯を持って来る。お婆さんとお爺さんは、談笑しているところを田螺拾いの娘に見られて気まずくなるが、それぞれ笑って別れる。

この演目の成立年代や由来については諸説ある。一つは明代に移住してきた漢族がもたらしたという説で、その根拠は、盈江県支那区に残る古い上演形態においては、冒頭部の台詞がほとんど漢語で、「南京応天府から錫董、錫嘎を通って支那に至り、天地を開いて開墾を始めた」という一節があることによる。また、漢族の花灯戯に「大舜耕田」という演目があり、内容が「ブ・タンナ…」によく似ているという。一方、徳宏で生まれた演目だとする説が主張するのは、より古い上演形式では、タイ族ならではの場面があったということである。すなわち、お爺さんが孫に犁の使い方を教える場面で、「牛は首の太い強いものを選びなさい」と話すと、孫はまだ暗いうちに牛小屋に入り、手探りで首の太い牛を探して田んぼに連れて行く。ところが夜が明けて良く見ると、牛だと思ったのは虎であった。昔徳宏では牛と虎は仲良しだったので、虎はその夜たまたま牛小屋で寝ていたのである。お爺さんと孫は急いで虎を近くの大木に繋いで村人を呼んできたが、戻ってみると虎はすでにどこかへ逃げ去っていた。それ以来虎を繋いでいた木はドン・ルアット（木・逃げる）[9]と呼ばれるようになったという。また、虎が田で犁を曳くという物語は、古タイ文字によるかなり古い文献のなかに記載されているという。こうしたことから、「ブ・タンナ…」は明代に移住してきた漢族によって徳宏にもたらされ、徐々にタイ族的要素を取り込んで現在の形になったのではないかと、施は推測している［施　1995：31-32］。

「ブ・タンナ…」に次いで古い作品と考えられている「マ・シップソン（12頭の馬）」の内容は、12ヶ月の風物詩を歌うというもので、物語性の

マ・シップソン（盈江県弄章鎮南永村にて二〇〇五年二月十五日撮影）

ある演劇というよりは歌の芸能であり、正月15日にあたって一年間を言祝ぐ行事のように思われる。現行の「マ・シップソン」では、12頭の馬に扮した人々が6頭ずつ男性側と女性側に分かれ、演者は全員色鮮やかな張子の馬型を腰に付けて歌う。筆者が観劇した時には、広場で一とおり歌い終わった後、村内の家を一軒一軒廻って一年の無病息災を祈っていた。

19世紀半ばの干崖でのタイ劇形成に先立って、芒市ではこの「マ・シップソン」が「迎馬」と呼ばれる一種の上演形式へと独自の発展を遂げていた。演者は馬型の衣装を身に付けてはいるが、徳宏に伝わる「アルアン故事」[10]と呼ばれる物語群などをもっぱら語った。演者はそれぞれ担当の役柄になり、一人称で台詞を語っていたという。「迎馬」はまもなく干崖からもたらされた新しいタイ劇に取って代わられ、現在では伝承が途絶えている［施　1995：32-33］。

施によると、正月に馬に扮して行なう芸能は宋代以来中国各地で広く見られ[11]、徳宏の「マ・シップソン」もその一種と考えられる。古タイ語の文献には、清の順治17年（1660）年に明再興の夢破れた永暦帝がビルマへ逃亡する際、干崖万象城（現・姐悶章）で随行していた劇団に漢族劇を演じさせ、当地の土司もタイ族劇を皇帝に見せたという記述があるようだが、このとき上演されたのが「マ・シップソン」すなわち「十二馬」だったのではないかと推測する人もいる。このほか、永暦帝を追って干崖に侵入した呉三桂軍は「十二馬」の上演を禁じたと言われている。杜文秀の乱のときも、杜軍が「十二馬」の上演を禁じたとされている［施　1995：3］。なぜ禁じたかは明らかでないが、一説によれば、社会不安を鎮める祈りを込めて「十二馬」を演じることがあるため、為政者としては社会不安などないことを示そうとしたのではないかと推測される。

このように見て来ると、現在の徳宏タイ劇の節回しは、「ハーム・ヤモット」や「ハーム・ホーリック」や民謡などのタイ語独特の語調と節回しが、「十二馬調」や古い弋陽腔などと綯交ぜになって生まれたものだと推測されていることが分かる。

演劇形式の面では、18世紀末に徳宏で流行した影絵芝居と滇劇（てんげき）の影響が指摘されている。

『徳宏州文化芸術誌』によれば、清の嘉慶年間（1796-1820）、山東省の影絵芝居（皮影戯）の一団が干崖で『封神演義』を上演し、評判となった。当時の土司が興味を抱き、演者に指導を依頼して文人や属官[12]に試演させたという。その土司の名前は記載されていないが、年代的に第19代刀紹虞か第20代刀如連と思われる。さらに、第21代土司刀如意（刀如玉とも：1816-1865）は朝貢のため北京に赴いた際、人を遣わして人形操作を学ばせ、影絵芝居に必要な機材一式を購入して帰郷した。こののち、光緒年間（1875-1908）にまず旧城で、民国初年（1911）に新城で影絵芝居の劇団が結成され、干崖で影絵芝居が盛んになった［徳宏州文化局・徳宏州民族芸術研究所編　2001：215］。

当時、影絵芝居は主に農暦7、8月の、疫病が流行りやすい時期に行なわれており、「封神演義」のような神々の登場する芝居によって邪気を払う願いが込められていたという。そのため皮の人形は普段関聖廟[13]に保存され、上演前には豚の頭をはじめとするもろもろのお供え物を用意し、三叩九拝してから道具箱を開け、開演後も祭祀をするなど、ある種宗教的な色彩を帯びた活動だった。影絵芝居はその後、解放前夜の戦乱や文化大革命によって衰退し、現在の徳宏州ではほぼ消滅している［徳宏州文化局・徳宏州民族芸術研究所編　2001：215］。

この影絵芝居を初期の徳宏タイ劇形成へと結びつけたのは、当時の干崖土司刀如意のもとで財政を司っていた属官の刀如安（1818-？）だった。彼は嘉慶年間に山東省の影絵芝居「封神演義」を鑑賞し、大いに興味を持つと同時に、これをタイ語に翻訳し、タイ族的な節回しを付け、親戚の子弟に役を振り分けて、影絵芝居の方式をまねて上演した。影絵芝居は見て楽しめるとはいえ、漢語で演じられていたため、タイ族にはやや分かりにくかったが、刀如安の翻案によって一気に身近なものとなり、大いに歓迎された。刀如安本人も姜子牙を見事に演じたので、観衆は彼を「生きた姜子牙」と称賛したという。以後彼は「王昭君」「薛丁山征西」「薛仁貴征東」などの漢族の物語をタイ語で脚本化し、タイ族的なメロディーに乗せて役者が上演するという、徳宏タイ劇の雛型を固めていった［徳宏傣族景頗族自治州文化局編　1992：189］。

施は、刀如安が方向性を定めた徳宏タイ劇の上演形態の特徴を以下のように指摘している。当時タイ族の間では、演者数人が観客に対して半円状に並んで座り、物語を歌い、語るという上演形式の演劇があったが、影絵芝居をモデルにしたことによって、演者が立って動きながら物語を表現するようになった。このときおそらく、タイ族がもともと行っていた、その場でくるくる回っては交替で歌う「転転唱」というスタイルが型として残った。また、古い上演形式では、物語の登場人物のことを「彼は戦いに行った」のように三人称で語ることもあったが、影絵芝居の影響で配役が固定し、それぞれが一人称で語り、歌う形式が主流となっていった。一節歌い終わるたびに打楽器の合いの手が入るのも、主に影絵芝居の影響によるものである［施　1995：13、27、67-68］。

もう一つの滇劇[14]は、中国でもっとも流行した節回しである「皮黄[15]」と、拍子木で調子を取りながら歌うのが特徴の、陝西省の「梆子腔」の影響を受けた地方劇である。雲南に漢族移民が増えてきた明代に「滇曲」として萌芽し、清代に地元の芸能と融合して清末期から民国期に専業劇団が生れたという経緯を見ると、滇劇も徳宏タイ劇と同じく清末から民国初期という時代背景のなかで形成された演劇であると言える。王（2000）によると、滇劇は道光年間（1820-1850）に最初の専業劇団である雷家班を生み出し、光緒年間（1875-1908）に相次いでやって来た四川や貴州の劇団から演目や劇団員を吸収して成長していった。中心地は昆明だったが、大理を中心とする雲南西部一帯でも、咸豊年間（1850-1861）、同治年間（1861-1875）から大いに流行していた。杜文秀の乱後に建てられた寺廟にはたいてい舞台が併設され、頻繁に上演されたという。騰越には光緒年間に鎮台[16]として赴任した張松林が二つの滇劇団を帯同してきた。団員の給料は軍隊の帳簿から支払われていた。この時期李春林率いる昆明の玉林班、大理の共和班、富春班、下関の雅集社などは雲南西部一帯を巡業し、抗日戦争のための宣伝隊のような活動をする場合もあった［王 2000：52-54］。徳宏タイ劇はその形成期において、こうした滇劇団から大きな影響を受けた。以下その過程をもう少し細かく見てみよう。

2. 清末における徳宏タイ劇の形成

19世紀後半、徳宏タイ劇の急速な発展に貢献したのは、干崖の第23代土司刀盈廷（1854-？）と第24代[17]土司刀安仁（1872-1913）である。土司であるとはいえ、彼らは単なる貴族的趣味で優雅に演劇を楽しんでいたわけではない。彼らはむしろ内憂外患に次々と見舞われ、全世界的な国家体制の変化に直面せねばならない時代を生きていた。徳宏タイ劇はこうした動乱の中で形成されたことに留意する必要がある。

刀盈廷は第21代土司刀如玉の子、第22代土司刀献廷の弟として1854年に干崖で生まれた。この年、ビルマ北部で発生したジンポー族の反乱が盈江にも波及し、その二年後には干崖のとなりの盞達でも反土司運動がおこり、1861年から1870年にかけては杜文秀の反乱軍が騰越から干崖に侵入するなど、刀盈廷の少年時代は内乱の連続であった。さらに1875年にはマーガリ事件が発生し、イギリスによる植民地主義の脅威が迫りつつあった。こうしたなかで、刀盈廷は嗣子を残さず早逝した刀献廷のあとを継いで1878年に干崖土司となる。彼は相次ぐ出兵で破綻しかけていた財政立て直しのために官租を6倍以上に引き上げ、それに耐えかねて反抗した民衆をだまし討ちにするなど、その政治手腕はかなり乱暴であった。

刀盈廷は刀如安が先鞭をつけた徳宏タイ劇の発展を促進した。彼は徳宏タイ語に堪能な文人や僧侶を集めて、漢語の演義や小説、戯曲などをタイ劇に改編するチームを作り、清の光緒初年ごろまでに「王玉蓮」「紅蓮宝」「五虎平西」などを翻案した。彼自身も徳宏タイ語と漢語双方に通じており、三征麓川の史実をもとに「沐英征南」を創作した。1883年には騰越から滇劇団の一つである玉林班を干崖に招いて上演させるとともに、タイ劇役者への演技指導を依頼している。1888年9月、雲貴総督[18]岑毓英が大理で各土司に接見した際、刀盈廷は当時16歳だった長男の安仁を帯同し、岑に面会させている。岑は安仁が演劇を好むことに興味を示し、徳宏タイ劇の発展に尽くすよう激励したとされる。盈廷は安仁が1890年に結婚した際にも騰越から福寿班という滇劇団を招いて西遊記関連の演目を上演させており［徳宏傣族景頗族自治州文化局編　1992：21］、こうしたことがのちの刀安仁のタイ劇への情熱を育んだと考えられる。

ところで、徳宏タイ劇に影響を与えたとされる滇劇は、先述したとおりそれ自体特別古い伝統を持つわけではなく、清末の動乱のなかで成立した。雲南で清朝に反旗を翻した杜文秀は滇劇の愛好家で、凱旋祝いに滇劇団を招いて諸将をねぎらうなどしていたが、そうした役者の中に清軍の間諜がいたという挿話も伝わっている［楊、顧主編　1986：62］。抗日戦争期においても、玉林班所属の張輔廷という滇劇役者が得意の変装をいかして密偵として活躍し、後に日本軍に発見されて犠牲となったという［楊、顧主編　1986：154］。中華民国の指導者たちは演劇の持つ宣伝効果に早くから注目しており、1928年から1945年まで雲南省主席として君臨した龍雲も、政治的意図を持って滇劇の「改良運動」に取り組んでいた。龍雲の指導で結成された滇劇改進社は『弦高救国』『臥薪嘗胆』など戦意高揚の演目を上演して軍資金を募るために各地で興行を行なったという［楊、顧主編　1986：136］。

劇団の集合離散は目まぐるしく、系譜関係も分かりにくいが、徳宏タイ劇に直接影響した「玉林班」、と「福寿班」は、どちらももとは昆明を基盤として活動していたのが、杜文秀の乱で保山に移動してきたものと考えられる。前述の張輔廷が所属していたのもおそらくこの保山の玉林班である。滇劇は徳宏タイ劇の発展にたしかに大きな影響を及ぼしたが、むしろ当時の政治ないし社会状況こそが両者を接触させつつ形成を促したと言えるかもしれない。

安仁は盈廷にも増して徳宏タイ劇の普及・発展に熱心であり、しかもその方針は、当時の徳宏が置かれていた政治状況の影響を受け止めつつ、新風を吹き込むものであった。安仁は単に徳宏タイ劇の普及者であったのみならず、辛亥革命に貢献した先駆的指導者の一人であり、徳宏タイ族にとっての偉大な英雄として名高い。彼の徳宏タイ劇への取り組みからは、そうした政治意識を読み取ることができる。

安仁は幼少の頃から土司の後継者として漢語教育を受けると同時に、演劇を愛好していた。1883年、11歳の安仁は、演劇好きが高じてこっそり十数人程度の劇団を作り、放課後に練習するようになった。このことはまもなく父盈廷の知るところとなったが、盈廷はこれを咎めず、むしろ小さな鑼鼓を送って公認した。この頃、安仁はある老人から「アルアン・シャンムーン」というタイ族の物語を教えてもらう。詳しいあらすじは後述するが、シャンムーンという名の若い皇子が苦難を乗り越え、美しい姫と結ばれ、一国の王となる物語である。安仁はこれをタイ劇化して上演することを思い立ち、自らはシャンムーンに扮し、ヒロインには自分の姉を起用する。本番は大成功となり、大きな評判を得るが、土司の娘が舞台に立つのを問題視した盈廷が激怒し、安仁は新城の裏山に逃げ込んでしばらく家に帰ることができなかった［刀、楊編著　1984：3］。

これは徳宏タイ劇の一つの画期を示す有名なエピソードであり、彼の政治意識との関連で注目すべき点がいくつかある。まず一つは、近代の徳宏タイ劇が漢族の物語ではなくタイ族の物語を劇化した、少なくとも記録上は最初の事例となった点である。当時安仁はまだ11歳であり、他の様々なタイ族の物語と比較し、吟味を重ねて「アルアン・シャンムーン」を選んだという可能性は必ずしも高くないが、漢族のものではない物語を選びたいという気持ちはあったようである。それでは、なぜ当時「アルアン・シャンムーン」が安仁の身近にあったのか。

そもそもᥟᥣ ᥘᥩᥒ〔a^{33} $lɔŋ^{55}$、アルアン〕とは、漢語書籍では「菩薩」とか「英雄」などと訳されているが、おそらくはサンスクリット語のarhanつまり阿羅漢のことではないかと思われる。徳宏タイ族の人々の説明によれば、「ジャータカで釈迦の生まれ変わりとして語られている個々の物語の主人公」であり、「釈迦の前世の姿」である。そのため「アルアン」を主人公とする物語には、アルアンが王様だったり、貧乏だったり、さらには人間以外の生き物であったりとさまざまなバリエーションがあり、これらはまとめてᥟᥣ ᥙᥧᥛ ᥟᥣ ᥘᥩᥒ〔a^{33} pum^{11} a^{33} $lɔŋ^{55}$、アポム・アルアン〕「アルアン故事」と呼ばれている。ただし、「アルアン故事」はすべて厳密にジャータカと一致するわけではなく、この「アルアン・シャンムーン」もタイ系民族特有の物語の可能性がある。この「アルアン故事」は、おそらく南伝系仏教の普及・定着とともに、徳宏で古くからすでに広く知られていた。また、1867年（緬暦1229年、清同治6年）には、干崖丙烏寨の元僧侶が、当時すでに叙事詩として広く知られていた「アルアン・シャンムーン」を古タイ文で脚本化し、1874年には勐卯の26歳の僧侶が66ものタイ語の民間叙事詩を整理していたとされている［施 1995：28］。同じ頃に刀盈廷が組織したというタイ劇脚本化の動きとの関連は指摘されておらず、また、当時の安仁が直接その脚本を採用したのかどうかも不明だが、この時期にタイ族ならではの物語に対する需要があったこと、そしてそれが当時の民族意識の高揚と関連していたことが考えられる。

もう一点注目されるのは、徳宏タイ劇ではじめて女性が舞台に立った点である。徳宏タイ劇はこの頃まで演者はすべて男性というのが当たり前だった。現在でも「古タイ劇」として上演される作品では、女性が舞台に上がることはない。盈廷が怒ったのは、土司の娘が舞台に上がったことで、土司としての体面が損なわれたためであったとされている。当時の安仁にすれば、子供ならでの思い付きであったかもしれないが、その後本格的に徳宏タイ劇の確立と普及に取り組むようになってからも、女性を積極的に演者として起用している。後に安仁は日本に留学するが、そのとき帯同した十数名の若いタイ族男女のうち、5人は女性タイ劇班の役者であった。ちなみに滇劇も京劇も、女性を舞台にあげるようになったのは民国期に入ってからとされている。

1902年、干崖土司となって間もない30歳の安仁は、ビルマから干崖に来て民主革命を説いていた同盟会会員の秦力山に出会う。秦の影響を受けて政治的自覚を新たにした安仁は、一時廃れていたタイ劇創作班とタイ劇班を翌年、干崖司署で復活させる。そして再び福寿班と玉林班を招いて指導を乞い、多くのタイ語演目を世に送り出していく。

このように安仁は民族文化の発展を願い、実際にそれを先導したことで、現在は徳宏タイ族の民族的英雄となっているが、当時の彼の「民族意識」がどのようなものであったかは一考を要する問題である。

横山（1997）の分析によると、安仁がタイ語で書いた『抗英記』と『遊歴記』に顕著なのは「中華」の一員としての意識であり、それも、皇帝の徳に発する伝統的な「中華」だけでなく「中華ナショナリズム」、つまり近代国家や民族としての中華意識が垣間見えるという。ただし、当時の「民族」概念はまだ曖昧で、ある個人が一義的に特定の「民族」に属するとは考えられておらず、タイ族であると同時に中華民族であることは、刀にとってさほど矛盾することではなかったと推測される［横山　1997：171-182］。同盟会では演劇を革命宣伝に使うことが意識的に議論されており、それに触発された刀が、タイ語しか解さない故郷の人々にタイ語の演劇で宣伝しようとするのは自然なことであったと思われる。そのことがのちに「タイ族」意識を育む一助になったとしても、そのような「タイ族意識」が「中華ナショナリズム」と矛盾するような事態が起こる可能性を、安仁は想定していなかったのではないか。

そうだとすると、「シャンムーン」が徳宏タイ的物語を演じる「徳宏タイ劇」の最初の事例になったということは、「漢族演劇」に対抗して「徳宏タイ劇」が成立したことを示すわけでは必ずしもない。実際安仁は、徳宏タイ族の物語だけに固執せず、漢族的物語の翻案にも熱心だった。徳宏タイ劇関係者がタイ族らしい主題にこだわるようになったのはむしろ改革開放後のことである。「徳宏タイ劇」において、「漢族演劇とは違う、徳宏タイ独自の演劇」というテーマが明確化するのは、実際には最近のことだったのかもしれない。

その後安仁は政治活動に忙しくなり、辛亥革命の成功に貢献したあと、冤罪のため獄に繋がれて早逝するが、彼が干崖で確立した徳宏タイ劇は、その後も発展を続けた。安仁の遺志を継いだ刀保固、刀京版らは引き続き演劇活動に理解を示し、干崖では正月15日の仕事始めの式典にタイ劇を上演するのが伝統となった。また、徳宏の土司同士の結婚式の際にお祝いの演目を上演したり、役者が巡業し、移住したりすることで、干崖のタイ劇は徳宏各地に伝わっていった。このように、1930年代までの民国期が、徳宏タイ劇の最初の隆盛期であり、その代表作の一つが「シャンムーン」だったと言える。

3. 解放後の徳宏タイ劇

1940年代には、日本軍の徳宏侵入とそれに続く国共内戦のため、演劇活動は総じて下火になったが、新中国成立以後、復興すると同時に新たな展開が始まった。それは「漢族演劇」の強い影響を受けることによって、却って「徳宏タイ劇」が「漢族演劇」とは異なる演劇としての意識に目覚める過程でもあった。

1950年代にはいると、徳宏タイ劇は京劇から新たな影響を受けるようになった。すでに1940年代から、芒市の土司が昆明で京劇を観劇して演出方法を持ち帰ったり、京劇の杜文林一行が政治宣伝を兼ねた京劇演目を芒市で上演したりはしていた。しかし1950年代からの京劇の影響はより政治的かつ直接的に徳宏タイ劇を変えた。新中国成立後、最初に結成された専業の徳宏タイ劇団は1960年に設立された潞西県[19]タイ劇団だった。結成当初から潞西県タイ劇団は、雲南省文化局の支援を受けて徳宏タイ劇の新演出に取り組んだ。1962年1月に昆明で開かれた雲南省民族戯劇見学上演大会では、この潞西県タイ劇団を中心に徳宏州タイ劇団が組織され、「オーペムとサムロー」「千弁蓮花」などを上演して好評を博した。このとき、徳宏州タイ劇団の劇団員たちは昆明五華山で京劇や滇劇の俳優と師弟の契りを結んでいる。朗俊美、馮小召、刀成英は京劇俳優の関粛霜を、金星明、虎世平は先に花灯芸人の任徳斎、のちに京劇俳優の徐敏初を師と仰ぐこととなる。翌年徳宏州タイ劇団は「徳宏州民族文化工作団」と改称し、工作団の中に旧潞西県タイ劇団を中心とするタイ劇隊が下部組織として属す形となった。こうした一連の動きのベースにあるのは、漢族の演劇の方が徳宏タイ劇より先進的であり、徳宏タイ劇は京劇や花灯戯を手本として政治主導で発展させるべきであるという発想であった。

こうした発想のもとで、舞台上のモー・ズーンの存在は舞台効果を妨げる陋習として廃止され、演出という役割が役者から明確に分離された。演者の役割分担である「行当」も滇劇や京劇にならって明確化され、浄（豪傑、忠臣、敵役などを主に歌で表現する壮年男性役）、生（若者、老人、殺陣など歌のみならず動作の工夫が必要な男性役）、旦（女性役）、丑（道化役）などが整理された。伴奏楽器についても、1960年代以降は従来の打楽器に加えて二胡や葫芦絲（ひょうたん笛）などの旋律楽器が取り入れられた。こうした改革を経て、公的な専業劇団が演じる新たなタイ劇、すなわち「新タイ劇」が誕生し、それ以前の形式のものは「古タイ劇」と呼ばれて民間の余暇活動で上演されるのみとなっていった。

演技、楽器、舞台美術の面で京劇や近代演劇の影響が強まる一方、評論のレベルではかえって「徳宏タイ劇らしさ」が要求されるようになった。このため1950年代には、タイ族舞踊や仏教寺院での立ち居振る舞いなどを参考に新たな動作が考案された。また、徳宏タイ劇は、漢族的物語の翻案ばかりするのではなく、民族独自の物語を舞台化すべきだ、と考えられるようになった。ただし、共産主義の観点からいって、王侯貴族の物語は望ましくなく、一般のタイ族人民の生活を反映した作品が必要とされた。

こうした状況の中で、民族独自の物語として注目されたのは「シャンムーン」ではなく、「オーペムとサムロー」だった。「オーペムとサムロー」のあらすじは次のようなものである。裕福な家の息子サムローと貧しい娘オーペムは恋に落ちるが、サムローの母はオーペムの貧しさを嫌って結婚を許さない。待ちくたびれたオーペムはサムローを探してその家に行き、サムローの母に冷遇されて死に至る。それを知ったサムローも自殺する。

この物語は、雲南省作家協会が1953年から少数民族の民間文学の掘り起こしを行なう過程で広く知られるようになった。1957年にいくつかの伝承を整理した漢訳文が雑誌『民間文学』で発表され、新タイ劇の戯曲としてコンクールで披露されると、1960年代前半に急激に評価を高めた。論者たちが一様に称賛するのは、主人公のサムローが自由恋愛を主張して封建社会に反抗しているということであり、それが共産主義の理念に合致している点である[20]。こうして「オーペムとサムロー」は徳宏タイ劇のもっとも有名な代表作となり、のちには川劇や滇劇にも翻案された。

一方「シャンムーン」はこの間、少なくとも公的な刊行物の上では、ほとんど忘れ去られていたように見える。「シャンムーン」では王子と姫という、支配階級の人間同士が恋愛をして、ハッピーエンドを迎える。そのうえ仏教色があるとなると、この物語が共産主義の理念にそぐわないことは明らかである。ちなみに1960年代前半、研究者たちはすでに「シャンムーン」を含む「アルアン故事」の存在を知っていたが、その紹介の仕方には著しく共産主義的な偏向があった。例えば、アルアンが国王や王子など、貴族階級の姿で活躍する物語は当時ほぼまったく紹介されず、アルアンが貧しい青年である物語ばかりが選ばれて雑誌などに掲載されていた。「アルアン」が釈迦の前世を意味するという説明もほとんどなされず、「人民の英雄」とだけ注記されるのが普通だった。

文化大革命が始まると、社会全体が左傾化・急進化し、「オーペムとサムロー」でさえ十分に革命的ではないと見なされ、上演できなくなった。1968年にはタイ劇隊が解散となり、多くの劇団員が他の機関へ異動させられた。この時期、各県に設けられた文芸工作隊の役者たちには、政治主張の強い新しい京劇（様板戯）をタイ語に直して各地で巡回興行することが課された。農村部ではそうした政治宣伝を兼ねた演劇活動が比較的盛んで、タイ劇に移植された「白毛女」「沙家浜」などの有名な様板戯や、タイ語快板[21]「計画生育は好い」などが上演された。

徳宏タイ劇が公の場でも、民間の余暇活動としても、再び自由に上演できるようになったのは、改革開放後である。1972年頃から徐々に演劇活動が復活し始め、1978年には徳宏州歌舞団の中に再びタイ劇隊が置かれることとなった。この年、潞西県が農村アマチュア劇団の選抜公演を開催し、「オーペムとサムロー」「ハイハム」などが上演されると、6、7キロ離れたところからもタイ族の人々が押し寄せ、数万人が久々の徳宏タイ劇を楽しんだという［徳宏州文化局・徳宏州民族芸術研究所編　2001：23］。

地方の少数民族文化が再評価され、アマチュア劇団の活動も奨励されるようになり、徳宏タイ劇は1980年代に二度目の隆盛を迎える。この時期も「オーペムとサムロー」は繰り返し改編されつつ再演を重ね、依然として新タイ劇最大の代表作であり続けた。一方、1980年に「シャンムーン」の漢語訳が雑誌『山茶』で発表されて以降、「シャンムーン」を最初の徳宏タイ劇演目として、そして古代の英雄叙事詩として評価する兆しが現れた。このころは、かつての50-60年代のように、反封建主義的テーマだけがもてはやされるという極端な状況ではなかったが、マルクス主義的な発展段階論はまだ生きていた。そのため「シャンムーン」は、原始的社会の段階が終わり、奴隷制社会が成立する以前の、部落や氏族の形成期に描かれた神話に近い伝説と見なされた。また、タイ族が分散して生活する時代が終わりをつげ、一つの王統のもとに民族として団結したことを象徴する物語であり、西欧の「イリヤッド」などに比肩できる、とされた。シャンムーン自身は封建領主ではあるものの、古い時代の殻を破り、恋愛の自由を求め、仏教に批判的な新興階級を代表する英雄であると評価されている[22]。こうした評価は、文革期に損なわれた少数民族の伝統文化や歴史を尊重し、相互の信頼を回復して民族の団結を訴えようとする政府の政治的意図を反映したものと推測できる。

1983年は、徳宏州、西双版納州とも自治州成立30周年を迎えて行事が相次いだ。5月には徳宏州タイ劇団が西双版納の自治州成立30周年記念活動に参加し、徳宏タイ劇の「ラーン・トゥイハム」「ハイハム」を上演した。9月には徳宏州成立30周年記念活動のため、各県の文化工作隊が芒市に集まってさまざまな演目を披露したが、このとき盈江県文工隊は「シャンムーン」を上演している。本書が翻訳したのはこのときに整理された脚本である。1985年には徳宏州タイ劇団が歌舞団から独立し、6月には団員数名が「中国青年民族戯劇芸術友好訪日団」に参加し、日本でタイ劇「ラーン・トゥイハム」の一部を上演している。

しかし1980年代の復興も束の間、改革開放によって急激に映画やテレビが普及し、さまざまな娯楽が増えたことで、早くも90年代初めには各農村での上演回数が目に見えて減り始めた。特に古風な「古タイ劇」は、歌詞を歌える人のみならず、理解できる人さえも少なくなり、盈江など一部の地域を除いてほとんど伝承が途絶えつつある。

興味深いのは、このころから新タイ劇の題材の選び方に「漢族とは違うタイ族の演劇」という意識が色濃くにじみ出始めたように見えることである。徳宏州成立30周年記念の演目に盈江県文工隊が「シャンムーン」を選んだとき、かつて刀安仁が最初に「シャンムーン」を選んだときよりも、「タイ族の演劇」、それも「漢族とは違うタイ族の演劇」という意味合いを強く持っていたのではないかと思われる。実際、その後タイ劇団は「ランカー・シップホー」「ハイハム」などの神話的題材に取り組み、1998年には刀安仁自身を主人公とした現代話劇「刀安仁の夢」を創作、上演している。

現在、徳宏州タイ劇団による新タイ劇はさらなる発展を遂げつつある。1980年代以降は近代的舞台効果を駆使するようになり、神話や伝説など、幻想的な場面の演出にいっそうの工夫が凝らされている。2006年、徳宏タイ劇が国家級の非物質文化遺産に指定されたのをうけて、徳宏州政府はこれを保存・継承しつつ、文化・観光資源として今後さらに活用する道を模索している。

徳宏タイ劇関連年表

（『傣劇誌』（1992）および『盈江県誌』（1997）の年表をもとに加筆）

時代	徳宏タイ劇関連
紀元前4世紀	蜀身毒道が形成される。
10世紀	この頃、タイ系民族が徳宏に定住か。
13世紀	現在の瑞麗を中心に思一族がムアンマオ王国を建国、他にも徳宏でタイ系民族の小王国が成立し始める。 13世紀半ば、元の影響が徳宏に及び、金歯宣撫司、六路軍民総管府が置かれ、現在の盈江は鎮西路に属し、ムアンマオ王国は麓川路となる。
14世紀 明・洪武元（1368） 明・洪武14（1381）	ムアンマオ王国が勢力を延ばし、14世紀後半には麓川宣撫司となる。 朱元璋が南京で即位、明王朝を開く。 明が30万の大軍を送り、翌年雲南を平定。以後、徳宏を含む雲南全域に移民が増える。
15世紀	明が1441、1443、1448年の三度に渡って麓川を攻撃（三征麓川）、徳宏における麓川勢力は解体され、以後新中国成立まで十土司が分立する。官職順に南甸、隴川、干崖（宣撫司）、盞達、遮放（副宣撫司）、芒市、勐卯（安撫司）、戸撒、拉撒（長官司）、勐板（土千総）。 これ以降、徳宏に南伝系仏教が伝来か。
明・万暦10（1573）	隴川の役人で江西人の岳鳳がビルマのトゥングー朝に呼応して徳宏一帯で反乱をおこし、1594年まで戦乱が続く。
明・万暦22（1594）	トゥングー朝の侵攻に備え、雲南巡撫が現在の盈江付近に八関（銅壁、巨石、万仞、神護、虎踞、鉄壁、漢龍、天馬）を設置。
清・順治元（1644）	明が滅亡し、清の中国支配開始。

清・順治 17（1660）	明永暦帝がビルマに逃亡する際、干崖万象城（現・姐悶章）で随行していた劇団に漢族劇を演じさせ、当地の土司もタイ族劇を皇帝に見せる（傣文『ムアン・ラーの歴史』） その後、徳宏各土司は清に帰順、十土司体制が継続。
清・康熙 18（1679）	隴川県戸撒の土司頼国宣が騰越（現・騰衝）の徐某を招いて戸撒で演劇指導を乞う。
清・康熙 20（1681）	戸撒土司の劇団が漢族の演目『鯉魚』を上演。
清・嘉慶年間（1796-1820）	山東の影絵劇団が干崖で上演、現地の青年に技術を伝え、鳳凰城（現・盈江新城）、龍口城（現・盈江旧城）、弄璋、芒允などに影絵劇団が結成される。
清・道光年間（1820-1850）	干崖第 21 代宣撫使の刀如玉が北京に朝貢した際、影絵劇用の道具を購入して持ち帰る。 干崖土司属官の刀如安が影絵劇の『封神演義』をタイ語に翻訳し、タイ語の節回しで上演。
清・咸豊 4（1854）	杜文秀の乱。雲南各地で回族とその他少数民族の反乱が相次ぐ。1876 年までに収束。
清・咸豊 6（1856）	ある夜、白旗軍（杜文秀軍）が龍口城（現・盈江旧城）に侵入、ちょうど演劇に興じていた青年たちを追い払った。（『干崖地方史』）
清・同治 6（1867）	干崖丙烏村の僧侶である尚賀がタイ語でタイ劇『アルアン・シャンムーン』を執筆。
清・同治 11（1872）	刀安仁誕生。
清・光緒元（1875）	マーガリ事件。これをきっかけに、翌年イギリスが雲南ビルマ間の貿易の権利を獲得。
清・光緒 4（1878）	刀盈廷、第 23 代干崖宣撫使となる。
清・光緒 9（1883）	刀安仁、11 歳で十数人の子供タイ劇団を作り、『アルアン・シャンムーン』を上演。 刀盈廷、騰衝から滇劇団の玉林班を干崖に招き、上演と技術の伝授を乞う。
清・光緒 11（1885）	盈江県新城の刀恵勐の劇団が芒市でタイ劇『シャンムーン』と『ラーン・ガオハム』を上演。
清・光緒 13（1887）	盞達土司の娘が隴川県戸撒の土司頼金発に嫁ぐ際、タイ劇団を同行させ、これ以後戸撒のアチャン族地域でもタイ劇を上演するようになる。

清・光緒 14（1888）	9月、雲貴総督の岑毓英が大理で諸土司に謁見した際、刀安仁にタイ劇の状況を聞く。刀安仁は帰郷後、タイ劇の創作団、男性劇団、女性劇団を組織して『アルアン・シャンムーン』『タウホーション』などを上演。
清・光緒 16（1890）	刀安仁の婚礼に際し、刀盈廷が騰衝から滇劇団の福寿班を干崖に招いて上演させる。西遊記関連の演目が評判をとる。
清・光緒 17（1891）	刀安仁が24代干崖宣撫使となり、女性劇団30人余りを新築した衙門に所属させ、タイ劇を上演させる。
清・光緒 23（1897）	2月、中英間で、滇緬界務商務続議附款、西江通商専条締結。雲南 - ビルマ境界画定の際、イギリス勘界官ジョージ・スコットが、班洪、班老、西盟をイギリス領ビルマとし、騰越開港と思茅の対英開放を要求。
清・光緒 28（1902）	同盟会会員の秦力山がビルマから干崖に来て民主革命を説く。刀安仁は秦の影響を受けて民族文化としてのタイ劇の発展に力を注ぐ。
清・光緒 29（1903）	刀安仁が干崖司署にタイ劇創作班とタイ劇班を復活させ、滇劇の福寿団と玉林団を再度招いて指導を乞い、多くのタイ語による演目を作り出す。
清・光緒31年（1905）	刀安仁、日本に留学する際、十数名のタイ族の若い男女を帯同。 芒市土司の方正徳が芒市盆地内の12村のタイ劇団を司署に集めて上演させる。演目はほとんど漢族の物語をタイ語に翻案したもの。
清・光緒33年（1907）	盈江出身者が隴川県拉勐河付近に移住し、『白蛇伝』『薛仁貴征西』『薛丁山征西』などのタイ劇を上演、「盈江派」と呼ばれる。
清・宣統 2年（1910）	南甸土司龔綬が司署タイ劇団を組織し、『慈雲走国』『薛仁貴征西』『薛丁山征西』などを上演させる。
民国元年（1911）	辛亥革命。中華民国成立。
民国 3年（1914）	盈江出身者が瑞麗県登豊喊に移住し、『三進碧遊宮』『陳先徳』などを上演する。瑞麗初のタイ劇団となる。
民国 10年（1921）	南甸59代宣撫使の龔綬、長男の満一歳の祝いに騰衝から滇劇の玉林団を招いて上演させる。
民国 11年（1922）	干崖土司が南甸から玉林団を招いて正月15日の開印大典で『八仙過海』など縁起の良い演目を上演させる。

民国 16 年（1927）	干崖土司署の刀保固が芒市土司代辦の方克光の妹を娶る際、芒市にタイ劇団を派遣して『粉粧楼』『ラーン・ガオハム』などを上演させる。芒市土司署側も『漢光武』などを上演。芒市土司署、イギリス駐騰衝領事のウォルディンを迎えてタイ劇を上演。松明の煙を気にしたウォルディンは300ワットの電灯を土司署に贈る。
民国 21-22 年（1932-1933）	騰衝籍のビルマ華僑張保がバモーに玉林団を招いて上演させる。玉林団は帰りに盈江各地で上演し、タイ劇団に技芸を伝授する。団員の一部は当地に住みついたという。
民国 26 年（1937）	干崖 26 代土司の刀威伯の婚礼で騰衝の滇劇団である鳳山社が祝賀のため上演。 盧溝橋事件。日中戦争開始。
民国 30 年（1941）	芒市土司代辦の方克光が方克勝と昆明で京劇を鑑賞、以後、背景幕と発電機をタイ劇演出に使い始める。
民国 31 年（1942）	京劇の杜文林一行が保山から潞西にかけて京劇を上演。 国民党第五軍政治工作宣伝隊が潞西で街頭劇『鞭を下ろせ』を上演。 日本軍がビルマ側から徳宏州に侵入。2年半に渡り、徳宏各地で戦闘。
1949	中華人民共和国成立。
1953	中国人民慰問解放軍代表団が芒市で京劇を上演。 政府主導で民間文学の掘り起しが始まる。
1954	徳宏の土司制度、完全廃止。 中国人民慰問解放軍代表団西南分団が芒市で京劇『木蘭従軍』を上演。 徳宏州と潞西県が非専業タイ劇団訓練会を共同開催、タイ劇を上演して国外流出した人員の帰国を促す。
1956	徳宏州委員会宣伝部がタイ劇芸術改革の討論会を開催。 3月、保山専区（現・徳宏州を含む）が文芸代表隊を結成、雲南省第一回群衆非専業文芸会に参加し、盈江県盞西区のタイ劇『大舜耕田』が受賞する。 5月、タイ劇俳優の刀禹廷と方一龍が昆明で雲南省文芸工作者代表大会に参加。

1957	5月、徳宏州で第一回民族民間文芸会開催。多くの徳宏タイ劇が上演される。 6月、潞西県芒市五雲寺でタイ族民間文芸座談会開催、タイ劇改革を討論。 6月、雑誌『民間文学』に「オーペムとサムロー（娥萍与薩木洛）」の概要が掲載される。
1958	大躍進開始。1961年に収束。 徳宏州工作委員会が一部の教師や幹部を動員して非専業の政治工作宣伝隊を組織、映画『劉介梅』をタイ劇に翻案して上演。 隴川県章鳳区のドアン族の村がタイ劇の上演を開始。 12月、文化部が大理で西南民族文化工作会議開催。徳宏の非専業タイ劇団がタイ劇を上演。
1960	2月、潞西県タイ劇団が最初の専業タイ劇団として芒市で成立。
1961	雲南省委書記処書記の馬継孔が潞西県でタイ劇「オーペムとサムロー」を鑑賞、劇団を激励。 ビルマ首相ウーヌーが中国を訪問した際、潞西県タイ劇団がタイ劇「オーペムとサムロー」の一部を上演。 8月、雲南省文化局がタイ劇輔導チームを徳宏に派遣し、「オーペムとサムロー」の上演方法を改革。
1962	1月、昆明で雲南省民族戯劇見学上演大会開催。徳宏州は潞西県タイ劇団を中心に徳宏州タイ劇団を結成し、「オーペムとサムロー」「千瓣蓮花」「帕莫鸞」などを上演。 1月下旬、徳宏州タイ劇団の俳優たちが、昆明五華山で京劇・花灯戯などのベテラン俳優の弟子となる。 タイ劇団が西双版納、臨滄などで慰問上演。
1963	11月、潞西県タイ劇団が徳宏州民族文化工作団に編入され、下部組織となる。
1966	文化大革命開始。
1967	徳宏州タイ劇団が漢族演目「収租院」をタイ劇に翻案し、州内で巡回上演。
1968	年初、徳宏州タイ劇団の団員全員が潞西県那目村で思想改造の「学習」。 9月、徳宏州タイ劇団解散。
1972	12月、徳宏州民族歌舞団成立。

1973	徳宏州民族歌舞団のなかにタイ劇チームを結成。現代創作劇「柚子花開」などを上演。
1974	4月、徳宏州歌舞団タイ劇チーム、雲南省地方戯移植様板戯選抜公演会に参加。
1976	文化大革命終了。
1977	11月、潞西県で文革後、最初の文化工作会議開催。文化大革命で迫害された劇団関係者の名誉を回復。
1978	盈江県旧城で民間のタイ劇が復活。 潞西県芒市で農村非専業文芸選抜公演会開催。遠くからも観客が訪れる。
1979	徳宏州タイ劇隊「オーペムとサムロー」を再整理、潞西県文芸工作隊と共に芒市で百回近く上演。 12月、徳宏州タイ劇隊隊長が全国第四回文芸工作者代表大会に参加、同時に中国戯劇家協会会員となる。
1980	5月、盈江県、非専業タイ劇活動を奨励。 臨滄地区耿馬県文芸工作隊が人員を徳宏に派遣して「オーペムとサムロー」を学習、これを耿馬タイ語に直して耿馬で上演。 ビルマに近い村々の非専業タイ劇団がビルマ側のいくつかの村でタイ劇を上演。
1982	3月、雲南省文化局委員会が雲南省群衆芸術館と徳宏州文化局に委託して芒市でタイ劇講習会開催。専業・非専業の劇団員が百数名参加し、講習会終了後、全州を巡回公演。 5月、徳宏州文化局が盈江で各県の文芸工作隊向けの講習会開催。 8月、潞西県文芸工作隊が民族楽器として象脚琴を試作、タイ劇の伴奏用に使用。 潞西県芒喊村の非専業タイ劇団が演じた「金孔雀」を雲南省テレビ局が録画放映。
1983	5月、徳宏州タイ劇隊が西双版納タイ族自治州三十周年記念活動に参加、タイ劇「ラーン・トゥイハム」と「ハイハム」上演。 9月、徳宏州三十周年記念活動において各県の文芸工作隊が芒市でタイ劇を上演。盈江県は「アルアン・シャンムーン」を、潞西県は「イェハムゾとノンヤン」などを上演。

1985	1月、徳宏州人民政府が徳宏州タイ劇団の再建を批准。 6月、徳宏州タイ劇団員の金保と万梅罕が中国青年民族戯劇芸術友好訪日団に参加し、日本で「ラーン・トゥイハム」の一部を上演。 9-10月、徳宏州文化局が全州農民文芸会開催。 10月、タイ劇「ハイハム」が第一回全国少数民族題材劇本団結賞を受賞。
1990	2月、徳宏州第二回文代会で徳宏州戯劇家協会成立。 3月、徳宏州タイ劇団、ビルマ側の招きによりムージェ鎮区で訪問上演。「ラーン・トゥイハム」「千瓣蓮花」「冒弓相」を上演、延べ25,000人の観客を集める。
2006	徳宏タイ劇、徳宏州の非物質文化遺産となる。

三　演目

『傣劇誌』によると、これまでに330以上の作品が確認されており、そのうち190以上が漢族の演劇や小説から翻案したもので、タイ族の叙事詩や民間故事、仏教故事などに基づくものは約70、近年の創作が約60となっている［徳宏傣族景頗族自治州文化局編　1992：35］。以下、いくつか興味深い演目について紹介する。

1. 中華風故事

「牡丹（鯉魚）」

本来の題名は『鯉魚精魚籃記』または『観世音魚籃記』といい、明清期に成立した伝奇的作品である。清の康熙年間に戸撒の土司が劇団を組織した際、最初に上演されたのがこの演目だとされる。この記述が正しいとすれば、徳宏州で上演記録のあるもっとも古い演目ということになる。長く『鯉魚』という題名で継承され、『牡丹』と呼ばれるようになったのは1910-1920年頃で、当時はまだもっぱら漢語で上演していたという。タイ劇が戸撒に伝わってから徐々にタイ劇化したとされる。

あらすじ：張真という男に恋をした鯉魚の精は、その婚約者である金牡丹という娘に化けて騒動を引き起こす。包公や孫悟空も鯉魚の精を退治するために加勢するがうまくいかず、最後は南海観音が調伏する。

「庄子試妻」

物語そのものは『古今奇観』にある。刀安仁が組織した脚本家集団がタイ劇に改編し、1903 年頃刀安仁自身が筆を入れて完成したとされる。滇劇の演目でもあるこの作品をタイ劇化することによって、滇劇の長所をタイ劇に取り入れる意図があったと考えられている。

あらすじ：荘子は人間界にいる間、妻を熱愛していた。観音は荘子を天界に連れ帰るため、一人の寡婦に化けて再婚したがっている風を装った。それを見て妻の貞節に疑いを生じた荘子が死んだふりをしたところ、果たして妻はある若い学生とすぐに恋に落ちてしまった。荘子は世の無常を悟り、観音菩薩とともに天界に帰る。

「漢光武」

1920 年代、芒市の方克茂が漢文の演義をタイ劇化したもので、1927 年に干崖土司が芒市土司から妻を迎えた際、芒市側が上演した。全編歌詞で書かれた重厚な超大作だが、『傣劇誌』に紹介されているあらすじが、史実と大きく異なる点が不可解である。民国期の状況を直接的に反映している可能性がある。

あらすじ：漢の光武帝は愚昧な君主で、即位後満州族の侵攻を受けて大敗し、光武帝も自殺する。光武帝に殺された三人の忠臣の後裔は遺恨を捨て、光武帝の子劉金国を支えて国の復興を果たし、満州族を追い払う。

このほか、「封神演義」「薛仁貴征東」「薛丁山征西」「庄子試妻」「三下南唐」「粉粧楼」「火龍伝」などが広い範囲で比較的長期間よく上演されている［徳宏傣族景頗族自治州文化局編　1992：35］。

2. タイ風故事

「ブ・タンナ・ヤ・ソンハウ」「マ・シップソン」「オーペムとサムロー」については本書前項参照。

「ハイハム（海罕）」

徳宏のなかでも瑞麗から芒市にかけてよく知られた地元の民間伝承に基づく演目である。

あらすじ：ガラン国の侵入を受けたジンシャ国のハイハム王子は勇敢に戦うが、父王が死去した隙をつかれて計略にかかり、捕虜となる。ガラン国王がハイハムを処刑して首を桐の樹上に晒すと、ハイハムの首はガラン国王を非難する歌を歌う。ハイハム王子の婚約者イボン姫はハイハムの首を取り返すが、敵に追い詰められて川に身を投げる。奮起したジンシャ国の人びとは、ガラン国を打ち負かす。

「ランカー・シップホー（蘭戛西賀）」

徳宏に伝わる「ラーマーヤナ」の異本をもとにタイ劇化された。インドネシアやタイに伝わる「ラーマーヤナ」がラーマ王子重視で展開するのに対し、もう一方の主人公ランカーに重点を置くのは主にビルマなどに伝わる「ラーマーヤナ」に共通する特徴である。インドのリグ・ヴェーダに起源を発する羽衣伝説に属する「召樹屯」などとともに、雲南タイ族とインド・東南アジア世界の繋がりを感じさせる作品である。

あらすじ：ランカー島の国王夫妻が天神に祈願して授かったのは十の頭を持つ奇怪な嬰児だった。成長した王子は島の支配者となるが、好色のあまり他国の姫シータを誘拐し、その夫ラーマ王子に成敗される。ラーマに貞潔を疑われたシータは森で7年を過ごし、その間に2人の子供に恵まれる。この2人の兄弟が巻き起こす騒動の中で誤解が解け、ラーマは姫と子供たちを王宮に迎え入れる。

3. 革命的演目

「竹楼情深」

1985年の国慶節で初演された新しい創作劇で、共産主義思想の宣伝や民族の融和と団結をテーマとし、高い評価を受けた。

あらすじ：タイ族の青年兵士アイオワンは国境防衛戦で連隊長の劉漢柱をかばって犠牲となる。劉からアイオワンの死を知らされた母は錯乱し、劉を息子だと思い込む。責任を感じた劉はそのタイ族女性を息子として世話するため、村の近くに配属してもらう。その後錯乱が収まった女性は劉を実の母親のもとに返そうとするが、劉の母親もアイオワンの死に対して責任を感じているため、かえって固辞する。一方劉は女性を一緒に世話していたその娘と恋に落ち、やがて結婚して全員で一つの家族となる。

「婚期」

潞西県で実際にあった事件をもとに、地元の余暇劇団が上演したとされる。教育的な意義もあり、好評だったので、ビルマでも上演された。

あらすじ：勤勉だが貧しい青年アイトアンはイホアンという娘に求婚するが、イホアンの母はプゲ（村役人）の息子に娘を嫁がせようとする。プゲがまるで人身売買するかのように大量の金銀を結納品として持ってきたのを見て、イホアンは決然とこれを断り、封建的な束縛を破ってアイトアンと結婚する。

主要演目一覧表

＊『傣劇誌』の表（54-66ページ）をもとに作成。演目名は『傣劇誌』のとおりに転記したが、タイ語の表題は漢語で意訳されているものもあれば、漢字で音訳表記しているものもある。音訳表記の場合、タイ族の人でも本来の題名が判別できないものがある。ここでは本来の題名が判明したものは備考欄に記載した。備考欄は、成立年代、題名訳（「　」内）、種本（『　』内）、内容・特徴等の順に、判明したものだけ記載している。種別欄は主に解放以後の創作新作品を「現代」とし、それ以前の作品のうち漢籍が種本となっているものは「漢」、タイ語の民間伝承などが種本となっているものは「タイ」とした。

	演目名	種別	備考（成立年代、題名の意味、種本、その他）
1	一溝水	現代	1960。「お堀の水」。
2	一千八	現代	1982。タイ族の日常生活を題材とする。
3	人民公社好	現代	1961。「人民公社は良い」。
4	七妹与蛇郎	現代	1982。「七妹と蛇郎」。
5	七侠五義	漢	『三侠五義』の異本。
6	八仙過海	漢	八人の仙人がそれぞれの能力で海を渡る目出度い出し物。
7	八義図	漢	晋朝の悪臣と戦う忠臣たちの物語。
8	八戒遊郷	漢	1984。「八戒が悪人を懲らしめる」か。『西遊記』の一部。
9	九顆宝石	タイ	アルアンが九個の宝石を元手に経験を積み、二人の妻を得て国王となる。
10	十二馬	タイ	「マ・シップソン」。旧正月の予祝・厄払い芸能。
11	十五貫	漢	1954。十五貫の金のために罪を着せられた熊兄弟の冤罪を清官が晴らす。
12	十二寡婦征西	漢	『楊門女将』と大同小異。
13	十八反王	漢	『説唐』の一部。隋煬帝に反抗した18人の王の物語。
14	三杯酒	現代	1985。「三杯の酒」。
15	三世仇	現代	「三世代に渡る仇」。
16	三丑会		1971。「三人のペテン師」。迷信批判。
17	三征麓川	タイ	史実の劇化。
18	三門街		明の悪臣劉瑾と忠臣たちの戦いを描いたものか。
19	三下川東		「三度、川東に下る」。
20	三下皈朝		「三度、皈朝に下る」。

21	三打王英	漢	「三度、王英を打つ」。
22	三請樊梨花	漢	「三度、樊梨花を招く」。薛丁山の妻の物語。
23	三訪親	現代	1982。花灯戯の演目にある。
24	三国演義	漢	『三国演義』。
25	三進碧遊宮	漢	『封神演義』の一部。姜子牙を救うため碧遊宮に住む通天教主の仇となった広成子に姜が恩返しをする。
26	三十六路瓦崗寨	漢	隋末、瓦崗寨に終結した36人の英雄の物語。
27	三打白骨精	漢	『西遊記』の一部。孫悟空が白骨の女妖怪と三度戦う。
28	千弁蓮花	タイ	1958。「千枚の花弁の蓮」。平民の青年と天女が結婚する神話。
29	千歳王		
30	千金公主		北周趙王の娘である千金公主の物語か。
31	大鬧鳳儀亭	漢	『三国演義』の一部。呂布と董卓が美女貂蝉を争う。
32	大鬧満春園		『粉粧楼』の一部か。
33	大戦九龍山		
34	大戦鋼鉄銅	現代	大躍進の政治宣伝演目か。
35	小八路	現代	「八路軍の少年兵」か。
36	小当家	現代	1984。「小さな当主」か。
37	山珍小食館	現代	1986。「山菜の小さな食堂」か。
38	飛虹	現代	1964。
39	衛丞相	漢	
40	飛龍箭	漢	『飛龍伝』か。北漢の将軍趙父子の物語。
41	飛胡蝶		
42	馬乾龍走国		「馬乾隆走国」なら遼寧建昌皮影戯の演目にあるが詳細不明。
43	土八仙	漢	
44	五虎平西	漢	北宋期、名将狄青ら5将軍が遼を討つ物語。
45	五虎平南	漢	北宋期、名将狄青ら5将軍が南方を平定する物語。

46	五鼠鬧東京	漢	『三侠五義』の一部か。北宋の5人の侠客が活躍する。
47	五岳帰天	漢	『封神演義』の一部か。
48	雲中落繍鞋		1969。新作越劇の翻案か。白兎の精の助けで狩人と王女が結ばれる。
49	左良玉		明末の将軍、左良玉の物語か。
50	天官賜福	漢	天官や財神が福を施しに来る。舞台開きなどで上演する目出度い演目。
51	火焼軒轅墳	漢	『封神演義』の一部か。姜子牙が玉石琵琶精を退治する。
52	女斬子		
53	比挙比玉	タイ	徳の高いソンパミン王が弟の攻撃を受けながらも王位に返り咲く。
54	王文姫	漢	
55	王反主		
56	王莽簒位	漢	「王莽の皇位簒奪」。
57	王玉蓮	漢	王莽の娘である王玉蓮の悲劇の物語。
58	王金定大破陰魂陣	漢	「王金定が陰魂陣を大いに破る」。
59	豊収之后	現代	1965。「豊作のあと」。
60	計画生育	現代	1982。「一人っ子政策」。一人っ子政策の宣伝。
61	方向	現代	1964（84?）。
62	見面礼	現代	1980。「あいさつ」または「初対面の手土産」か。
63	為革命節糧	現代	1983。「革命のため食糧を節約しよう」。
64	少散朗	タイ	清代中期。「三人の娘」。国王の娘と貧しいアルアンが結婚する。
65	巴来罕	タイ	「金の模様の魚」か。
66	風輪相莫鴉	タイ	
67	宮門玉帯		『説唐』の一部か。
68	漢光武	漢	1927。『漢の光武帝』。漢文の演義を脚色。
69	左曼拉	タイ	1981。
70	水漫金山		『白蛇伝』の一部か。白蛇の精が金山寺を水攻めにする。
71	火龍伝		

72	元龍走国	漢	
73	元龍太子	漢	
74	双龍搶珠		「一対の龍が玉を争う」。
75	双陽公主		『五虎平西』の一部か。
76	双伐穆		
77	双鳳奇縁		黄梅戯の演目にある。
78	玉妹罕	現代	1964。「イマイハム（女性名）」。
79	玉帥与相団	現代	1982。「イシュアイとシャントァン」。タイ族の日常生活が題材。
80	玉帥的家史	現代	1978。「イシュアイ家の歴史」。タイ族の日常生活が題材。
81	布畂印金	現代	「イムジムのプガン」、プガンは村より大きな地区の役人のこと。
82	布騰那	タイ	「おじいさんが田を耕す」。『大舜耕田』の翻案か。盞西と支那に伝わる。
83	発汗腊	タイ	
84	出窪節的晩上	現代	1964。「出窪節の夜」。
85	葉罕左与冒弄養	タイ	1979。「イェハムゾと青年ノンヤン」。貧しいタイ族平民の悲恋物語。
86	皮麻尚頗	タイ	「パパイヤの精」。
87	蘭戛西賀	タイ	「ランカー・シップホー」。叙事詩『ラーマーヤナ』の徳宏流布本を脚色。
88	尼罕	タイ	「ニハム」、野生羊のアルアンとその妻が人間の王妃と国王に転生する。
89	包公案	漢	北宋の名臣である包拯の物語。
90	龍女下凡	漢	「龍女がこの世に転生する」。
91	龍宮宝	漢	1903。
92	龍鳳呈祥		『三国演義』の一部か。劉備と孫尚香の物語か。
93	龍虎伝	漢	
94	辺寨好摩雅	現代	1970。「田舎のいいお医者さん」。
95	甘露寺	漢	『三国演義』の一部。劉備が孫尚香と結婚する。
96	打紅台		川劇などにある演目。

97	平貴回窑	漢	『紅鬃烈馬』の一部。功を建てた薛平貴が貧しい家に戻る。
98	白蛇伝	漢	1955。『白蛇伝』。
99	司馬乾隆	漢	
100	古城会	漢	『三国演義』の一部か。桃園の三義兄弟が古城で再会する。
101	甩彩球		「飾り球を投げる」。婿選びの物語か。
102	代蘇文		
103	紅鬃烈馬	漢	1956。『紅鬃烈馬』。乞食の薛平貴が紅鬃烈馬を御して皇帝になる。
104	紅灯記	現代	1970。革命京劇『紅灯記』。地下活動員だった父の遺志を継いで娘が秘密電報を別の共産党員に届ける。
105	紅色娘子軍	現代	1972。「共産主義者の女部隊」か。
106	紅管家	現代	1965。人民公社運営での勤勉と節約を説く教訓劇。
107	紅蓮宝		1903。
108	長坂坡	漢	『三国演義』の一部。趙雲が長坂坡で劉備の妻子を救う。
109	圧牌記		
110	台天		「八義図」と大同小異か。
111	劉子英	漢	
112	劉仙記	漢	
113	劉全進瓜	漢	妻の密通を疑うという過ちを犯した劉全があの世へ妻を迎えに行く。
114	劉保徳	漢	
115	劉金哥	漢	
116	劉二梅	現代	1959。映画『劉介梅』の翻案、共産主義思想教育の物語。
117	伊洛瓦底江的風暴	現代	1964。「イラワジ川の嵐」。
118	交糧	現代	1983。「食料を納める」。
119	団煥	現代	1964。「トアンホアン」、売買婚批判。『婚期』と同一作品か？

120	奪印	現代	1963。反革命分子に乗っ取られかけた生産隊を建て直す。
121	伝家宝	現代	1963。
122	関不住的小老虎	現代	1965。「閉じこめられない小さな虎」か。
123	庄子下紅塵	漢	1903。「荘子下生」、荘子が人間界に下生する。
124	庄子試妻	漢	1903。「荘子、妻を試す」、『古今奇観』から脚色。
125	向北方	現代	1965。「北方へ向う」
126	交通大躍進	現代	1960。大躍進の宣伝演目か。
127	竹楼情深	現代	1985。タイ族烈士の家族と漢族連隊長の交流と民族団結の物語。
128	朱神戥	漢	
129	朱承徳	漢	
130	補仙記	漢	
131	孫玉蘭	漢	
132	華仙記	漢	
133	后五龍	漢	『説唐』の一部か。
134	西遊記	漢	『西遊記』。
135	血手印		『三侠五義』の一部か。
136	血染盈江	現代	1985。盈江の近代史。
137	興牙貢蘭	タイ	1981。
138	印大反妖		1983。
139	収租院	現代	1964。封建地主の租税取立ての厳しさを描いたものか。
140	沙家濱	現代	1970。革命京劇『沙家濱』。沙家濱で療養していた新四軍の傷痍兵を阿慶嫂が日本軍と国民党から機転で救う。
141	良玉	現代	1962。
142	罕亮回来了	現代	1978。「ハムリャン(人名)が帰ってきた」。
143	罕左達拉	タイ	1981。
144	両権一枝	現代	1962。
145	還款	現代	1964。「お金を返す」
146	李旦走国	漢	

147	李剛辞朝	漢	「李剛、朝廷を辞す」。北宋末から南宋初の功臣李剛の物語。
148	李広	漢	前漢の名将である李広の物語か。
149	肖方査船	漢	
150	闖王進京	漢	1954。李自成の農民起義の顛末を描く新作京劇の翻案。
151	龐太子走国	漢	「龐太子、国を去る」。
152	蘇利亜与占打哈	タイ	1958。「太陽と月」。
153	別沙凹	タイ	1979。
154	貢納八滴	タイ	1979。「コンナパティ」か。上座仏教経典を脚色か。
155	身価	現代	1974。「身代金」。
156	窮漢子	現代	1978。「貧しい男」。
157	狄青	漢	北宋の名将、狄青の物語。
158	牡丹（鯉魚）	漢	古典劇『観音魚籃記』。主に戸撒で上演。
159	花木蘭	漢	南北朝期。『花木蘭』。病気の父に代わって娘木蘭が戦功をたてる。
160	花雲帯箭	漢	明初の将軍である花雲の活躍を描いたものか。
161	呉漢殺妻	漢	滇劇『呉漢殺妻』。呉漢が自分の妻である逆臣王莽の娘を泣く泣く斬る。
162	沐英征南	漢	清道光年間。明初の名将である沐英の南方平定の活躍を描く。
163	余海官		
164	走馬春秋	漢	春秋時代を描いたものか。
165	兵囲南陽	漢	「兵、南陽を囲む」。
166	波何里退社	現代	1960。「フーリのお父さんが退社する」。
167	波岩散	現代	1960。「アイサンのお父さん」。
168	波過石的婚礼	現代	1963。「ゴーシのお父さんの婚礼」、新しい社会主義社会を賛美。
169	拉老食堂	現代	1960。「ラーラオ（地名）の食堂」か。
170	審公公	現代	1983。「審おじいさん」。
171	奇襲白虎団	現代	1971。アメリカに抗して北朝鮮を支援した際の戦闘がモチーフ。

172	奇異的愛情	現代	1985。「奇妙な愛情」。
173	社里的女社長	現代	1962。「人民公社の女社長」。
174	金湖縁	現代	1964。
175	朋友之間	現代	1964。「友達のあいだ」。
176	空溝	現代	1958。「溝を掘る」。
177	国境線上	現代	1962。タイ族の娘たちが国民党のスパイを捕まえる。
178	法涼列	現代	1979。「いい天気」。
179	軟罕	現代	1964。「ルアンハム（人名か）」。新しい社会主義社会を賛美。
180	尚披麻	タイ	1976。
181	尚賢撒	タイ	
182	阿暖相勐	タイ	1867。「アルアン・シャンムーン」。シャンムーン皇子の成長物語。
183	阿暖亥端	タイ	「アルアン・ハイドアン」。王宮を追われた王女が貧しい青年と結婚する。
184	阿暖夜通	タイ	「皮袋のアルアン」。
185	阿暖相非	タイ	「アルアン・シャンフェイ」。
186	阿暖弓関	タイ	1984。「太い弓のアルアン」か。
187	版拱罕	タイ	
188	瑪列戞	タイ	「神馬のアルアン」。神馬が王子を魔王から守る。
189	線秀与線玲	タイ	1984。「シェンシウとシェンリン」。タイ族王宮の物語。
190	帕莫鸞	タイ	1958。「パモルアン」。国王と大臣がある将軍の妻に横恋慕するが失敗する。
191	帕罕	タイ	1981。「アルアン・パハム」。年少のパハム王子が王位を獲得する。『狸猫換太子』の翻案か。
192	河泊娶婦	漢	1953。「川の神が女性の生贄を欲しがる」。『西門豹』の翻案か。
193	周瑜吉拝寿	漢	『三国演義』の一部。
194	周順投案	漢	
195	金平王	漢	
196	金龍伝	漢	

197	臨潼関	漢	1955。『臨潼山』か。隋の功臣李淵が秦［王京］に助けられる。
198	羅元伝	漢	
199	羅蘇走国	漢	
200	羅通掃北	漢	唐代の将軍である羅通の活躍と恋物語。
201	羅帕記	漢	黄梅戯の古典。書生の王科挙とその妻の誤解と和解の物語。
202	忘恩記	漢	
203	単刀赴会	漢	『三国演義』の一部。蜀の関羽が単身で呉の詭計を破る。
204	定生打碗		
205	孟進巧喊	現代	1984。
206	孟良与焦賛	タイ	「モンリャンとジャオザン」。
207	張海		
208	張灯結彩	現代	「目出度い飾り付け」。
209	張四姐	漢	1963。七人姉妹の四番目の仙女が人間の男性と結婚する。
210	張淘栄過三関	漢	「張淘栄が三つの関を越える」。
211	定計斬趙王	漢	「計略で趙王を斬る」。
212	夜戦馬超	漢	『三国演義』の一部。夜、張飛と馬超という二人の猛将が戦う。
213	陳徳陳東	漢	
214	陳仙書	漢	
215	画中人	漢	「絵画の中の人」。
216	楊文広征西	漢	『楊家将』の一部。北宋の名将である陽文広の活躍を描く。
217	楊文広征南	漢	『楊家将』の一部。北宋の名将である陽文広の活躍を描く。
218	楊門女将	漢	1981。穆桂英をはじめとする楊家の女将軍たちが国防のため出兵する。
219	楊三姐下凡	漢	玉帝の妹が下生して人間男性との間に陽戩（二郎神君）を生む。
220	春暁	現代	1983。
221	春雷	現代	1959。

222	鐘馗送妹	漢	『鐘馗、妹を送る』。鐘馗の幽霊が妹を嫁入りさせ、生前の約束を果たす。
223	岳飛大戦愛華山	漢	「岳飛、愛華山で大いに戦う」。
224	保双龍	漢	1982。
225	保皇娘	漢	『三国演義』の一部か。趙雲が劉備の妻を救う。
226	保煥	現代	1961。
227	相［哏］	現代	「シャングーン（人名か）」。
228	冒散箇	現代	「三人の青年」。
229	修水利	現代	1960。「水利を整備する」。
230	赶潞西	現代	1960。「潞西へ向かう」。
231	借親配	漢	「嫁を借りる」。ある書生が兄嫁と本当の夫婦になる喜劇。
232	蚩尤	漢	「蚩尤討伐」。
233	粉粧楼	漢	1927。『粉粧楼』。唐の功臣の活躍を描く。
234	送貨路上	現代	1974。「輸送の途上で」。
235	封候掛印	漢	清光緒年間。「侯に封じ、印を授ける」。
236	封神榜	漢	清嘉道年間。『封神榜』。
237	柜中縁		1961。「戸棚の中の縁」。偶然ある女性の戸棚に隠れた若者の恋愛喜劇。
238	要彩礼	現代	1973。「結納金をねだる」。
239	柚子花開	現代	1974。「柚子の花咲く」。
240	姑士下農村	現代	1958。「姑士が農村に下る」。
241	独火星		『水滸伝』の一部か。
242	残唐五代	漢	『残唐五代』。黄巣の乱から陳橋の変までを描く歴史物語。
243	戦洪州		『楊家将』の一部。穆桂英が洪州を攻める。
244	戦街亭	漢	「街亭に戦う」。『三国演義』の一部。
245	趙匡胤下南唐	漢	「趙匡胤、南唐に行く」。
246	迷飛英	漢	
247	獅子楼	漢	1930年代。『水滸伝』の一部。怒った武松が獅子楼で西門慶を殺す。
248	珊瑚記	漢	1940年代。

249	咩摩婆念鬼	漢	1920年代。「女巫師がピーを念じる」。『西門豹』を移植か。迷信批判。
250	草帝王	漢	「田舎の帝王」か。
251	草橋関	漢	草橋関の守将が漢光武帝に呼び戻される。
252	鉄弓縁	漢	1984。『鉄弓縁』。弓上手の娘が婚約者と共に悪い丞相を懲らしめる。
253	莫飛天		
254	梁山伯与祝英台	漢	1903。『梁山伯と祝英台』。二人の悲恋物語。
255	陶禾生	漢	1888。『聊斎志異』から刀安仁が脚色。書生陶禾生に狐が恩返しする。
256	桃園三結義	漢	『三国演義』の一部。桃園で三人の義兄弟が契りを結ぶ。
257	唐王遊地府	漢	1903。「唐王の地獄巡り」。『西遊記』の一部。
258	唐王遊金河	漢	「唐王、金河に遊ぶ」。
259	唐明皇遊月宮	漢	「玄宗皇帝、月宮に遊ぶ」。中秋節の伝説の一つ。
260	秦始皇	漢	「秦の始皇帝」。
261	秦香蓮	漢	1979。『闖宮』。秦香蓮が夫のひどい仕打ちを訴える。滇劇から移植か。
262	秦蘇画	漢	
263	秦叔宝	漢	唐代初期の名将軍である秦叔宝の物語。
264	荷花伝	漢	
265	海罕	タイ	1958。「ハイハム」、ハイハム王子の悲劇。主に徳宏南部に伝承。
266	海螺仙		「ほら貝の精」か。
267	娥并与桑洛	タイ	1960。「オーペムとサムロー」。金持ちの息子と貧しい娘の悲恋。
268	朗戛麦	タイ	1959。
269	朗洛勇罕	タイ	1981。「孔雀姫」。孔雀に化けた天女と木こりの若者の悲恋。
270	朗令咩	タイ	清道光年間。
271	朗宝煥	タイ	
272	朗推罕	タイ	1981。「トゥイハム仙女」。『召樹屯』。王子のアルアンが仙女を妻とする。
273	朗懐秀	タイ	

274	朗珍相諾	タイ	1984。「侍女ジェンシャンヌオ」、侍女が第二王妃の子供を守り通す。
275	朗左曼納	タイ	1983。
276	朗披麻桑坡	タイ	1984。「パパイヤの精」。
277	朗巴罕	タイ	1984。「金魚の娘」か。
278	朗画貼	タイ	1903。
279	朗高罕	漢	1903。「金の蜘蛛の女妖怪」。『西遊記』の一部を翻案か。
280	菠蘿熟了	現代	1963。「パイナップルが熟した」。
281	黄飛虎反五関	漢	「黄飛虎が五つの関を破る」。『封神演義』の一部。
282	黄閣老	漢	
283	高京宝下南唐	漢	「高京宝が南唐へ行く」。
284	郭子儀征西	漢	「郭子儀が西方を平定する」。中唐の名将郭子儀の活躍を描く。
285	焦同保		『楊門女将』の一部。
286	葫芦信	タイ	1965。「葫芦の手紙」。『孔雀公主』と大同小異。
287	喊座達納	タイ	1983。
288	混端	タイ	1954。
289	掌散丫	タイ	「三本牙の象」。
290	崔子試妻	漢	「崔子が妻を試す」。
291	渡口	現代	1963。「船着き場」。
292	椰林壮歌	現代	1965。「椰子の林の力強い歌」。
293	新十二馬	タイ	1979。「新しい十二馬」。
294	籬笆辺上	現代	1964。「垣根のそばで」。
295	摩雅傣	現代	1972。「タイ族の医者」。悪霊憑きとしてタイ族の村を追われた娘が人民解放軍に助けられ、医者として村に戻る。
296	竇一虎		『薛丁山征西』の一部。竇一虎は薛丁山と樊梨花の有能な部下。
297	慈雲走国	漢	豫劇の翻案か。無実の罪で流浪する慈雲太子の物語。
298	精忠伝	漢	『精忠記』。殺された名将岳飛の冤罪が晴れる。

299	轅門斬子	漢	『楊門女将』の一部。敗戦に怒った将軍が息子を斬ろうとして穆桂英に宥められる。
300	錯走旦旦国	漢	「間違って旦旦国に行く」。
301	樊梨花征西	漢	薛丁山の妻である樊梨花が西方討伐で大功を建てる。
302	樊金定転地王	漢	
303	蟒蛇記	漢	『蟒蛇記』。滇劇から移植か。
304	薛丁山征西	漢	「薛丁山が西方を平定する」。薛仁貴の子、薛丁山が大功を建てる。
305	薛仁貴征東	漢	「薛仁貴、東方を平定する」。貧しい薛仁貴が故郷に錦を飾る。
306	薛剛反唐	漢	「薛剛が唐に反抗する」。滇劇から移植か。
307	薛蛟盗丹	漢	『薛剛反唐』の一部。
308	黛玉葬花	漢	1984。「黛玉、花を葬る」。『紅楼夢』の一部。滇劇から移植か。
309	覇王別姫	漢	京劇『覇王別姫』を移植か。項羽と虞姫の悲劇。
310	京省勐煥	タイ	1905。「ジンシャン・ムンフアン」。二人の王子が求婚のため武を競う。
311	岩佐弄	タイ	1958。「アイゾロン（人名）」。大蛇を退治した貧しい平民に王女が嫁ぐ。
312	婚期	現代	貧しい娘が金持ちとの結婚を拒否して働き者の若者に嫁ぐ。
313	満撒允悶	タイ	1984。民間伝説『ザウ・ウディン』を脚色。王子の後継者争いの話。

四　現在の上演状況

現在、タイ劇はどのようなかたちで上演されているか、筆者の知る範囲で紹介する[23]。上演形態は、民間の余暇活動として古タイ劇を上演するものと新タイ劇を上演するもの、そして専業タイ劇団の活動の三つに大別できる。専業タイ劇団の活動は、演劇の近代化や先進的な試みに特化しており、古タイ劇を上演することはない。

1．民間の古タイ劇

現在、民間の古タイ劇が見られるのは、盈江県のごく一部にほぼ限られている。1980年代から90年代の始めまでは潞西県の弄莫など、他地域のいくつかの村でも上演されていたが、2000年代に入ってから上演がほぼ絶えた。盈江県では今でも弄章、新城一帯で民間の古タイ劇を見ることができる。かつては大きな祭日や各家で祝い事があるときなどに金持ちがスポンサーになって劇団を呼ぶこともあったが、今ではほぼ春節の時期にしか上演しない。

劇団の形態も一昔前とはかなり違ってきた。1980年代までは一つの村で一つの劇団を結成することが可能だったが、舞台に上がれるレベルの演者は減り続け、今では各村に2、3人しか演技できる人がいない。そのため近くの村からそうした演者が集まり、春節の間だけ臨時の劇団を結成するようになっている。劇団は昔からあくまで余暇活動であり、団員は普段は普通の農民であった。今では隠居した老人たちの娯楽となっている。

古タイ劇の演者は全員男性で、女性は演じてはいけないことになっている。各自の得意不得意はあっても、専門の女形とか、道化役といった概念はなく、個々の登場人物の役を与えられたらそれを演じる。昔は戦闘場面の派手な動きの多い演目が好まれ、重い衣装を着けての立ち回りには体力が必要なので、40代くらいで引退せざるをえなかったそうだが、今ではほとんどすべての演者が50代以上で若者はいない。脚本はすべて古タイ語で書かれており、役が決まったら演者は自ら自分のセリフ部分を抜き出して書写し、練習しなければならないので、古タイ語の読み書き能力が必須となる。この点も若者にとって大きなハードルである。古タイ劇は全編歌で進行するが、一節歌うごとに銅鑼、鈸[24]、牛の皮の太鼓など、打楽器の合いの手が入る。演奏者は舞台上の右か左かどちらか一方に並んで座っており、その姿は客席から見える。

こうした劇団員のまとめ役は、長年多くの役をやって経験を積んできた長老モー・ズーンである。モー・ズーンは村の寺などに保管してある多く

モー・ズーン（盈江県弄章芒允にて二〇一二年一月十四日撮影）

の脚本に通じており、上演機会に相応しい演目と場面を選び、団員に役を割り振り、演じ方を指導し、本番ではプロンプトを務めることもある。プロンプトを務めるときは舞台の中央に陣取り、姿を隠さない。これも古タイ劇の大きな特徴の一つである。有能なモー・ズーンも減る一方で、筆者が芒允で会ったモー・ズーンはすでに90歳を超えていた。

演目については、儀礼性の高いものと、娯楽性の高いものとの二極で大まかに分類できそうである。儀礼性の高いものとしては、年始に当たって各家を訪問して祝福する、日本でいう獅子舞のような演目がこれに相当する。たとえば「元帥」という演目では、将軍の扮装をした2人の演者が各家を訪問し、交互に邪気を払うセリフを述べる。物語性はなく、15分ほどで済み、楽隊4人、演者2人と、少人数でできる小品である。芒賽村では昔から正月の伝統行事だったが文化大革命のため中断し、老年協会が成立した2007年ごろから有志で活動を再開した。33軒の村の中で2012年正月に「元帥」の年賀を受けたいと申し出があったのは15軒だった。「元帥」たちは夕方4時頃から廻り始め、すべて終了したのは夜8時だった。

「マ・シップソン」も同様に年始の出し物である。南永村南腮社の「マ・シップソン」では、最初は寺の境内など村の広場で12人の演者が馬の張りぼてのようなものを身に付けて12ヶ月の生活風景を歌う。6人ずつ向き合ってならび、一方は男性役、一方は女性役である。一とおり歌い終わると今度は村内の家々を一軒ずつ訪問して祝福する。訪問を受けた家は菓

元帥（盈工県弄章鎮芒寶にて二〇一二年一月二十六日撮影）

子類でもてなす。訪問がすべて終わったら演者たちは着ていた馬の張りぼてを焚き火の上にかざして邪気を払い、「マ・シップソン」を終える。

かつて干崖では土司の指示によってそれぞれの村に演目が割り当てられており、勝手に他の演目を上演することはできなかった。南腮社は「マ・シップソン」の受持ちだったので、村の男性たちがこの演目を守ってきたという。しかし最近では村のタイ族人口も少なくなり（タイ族35軒151人、漢族は32軒159人）、男性も仕事が忙しくなり、ついに2004年から女性が引き継いで演じるようになった。

娯楽性の高い演目は、夕刻から夜にかけて始まる。長い物語が多いので終演はしばしば夜半を過ぎる。2005年2月、新城の拉丙村が古タイ劇の様式で「陳徳陳東」を上演するというので見に行くと、昼食後の午後2時頃からゆっくり準備が始まった。村は全部で60軒程度、演者は全員年配の男性で、女性は演者の舞台化粧などを手伝っていた。外国人である筆者が見学に来ると事前に知らされていたためか、若者たちが豚を屠って御馳走を準備していた。

午後4時半頃、劇神の祭祀が始まった。中国では広く唐明皇すなわち玄宗皇帝が劇神として知られており、徳宏でもタイ劇上演前に劇神を祀るしきたりがある。拉丙村では唐明皇の扮装をした演者と老人が村はずれの川のほとりで紙銭を焼き、老人が祝詞で劇神を呼び寄せ、劇神と一体化した演者が舞台から楽屋に引っ込むという一連の簡単な行事が行われた。この

劇神（盈江県新城広丙にて二〇〇五年二月十四日の撮影ビデオからキャプチャしたもの）

あとすぐ「陳徳陳東」が始まり、夜11時を過ぎて終演となった。ちなみに、弄章の一部の村では、劇神は中国の皇帝とビルマの王を両方祀るそうである。

南永村南腮社や拉丙村のように一つの村で一つの劇団を作るのは稀な形態になりつつある。2012年に芒賽で見た「飛龍剣[25]」は、各村に2、3人ずつしか残っていない演者をかき集め、15日間で15の村を巡回上演するという形式だった。参加する予定の演者は全員で64人だが、それが一度に集まるのではなく、近くの村に巡回して来たら参加して演技をするのである。舞台は各村の寺の境内や文化站を利用する。一日の公演に数千元かかるので、全部で数十万元という資金を集めなければならないが、各村のスポンサーとお花代だけが頼りで、観客から入場料を取ることはない。この地域の老年協会会長が徳宏タイ劇復興に熱心なため活動が続いているが、徳宏タイ劇愛好家の多い盈江でも年々スポンサー集めが難しくなってきているという。徳宏タイ劇は2006年に国家級非物質文化遺産に指定されたものの、関係者の話によれば、政府からの財政的な支援は一切ないとのことである。

老年協会会長によると、徳宏タイ劇と言っても実際に上演するのは漢族の物語のほうが多い。これは20世紀初頭に漢文化に造詣の深い土司の主導で徳宏タイ劇が定着したためだと思われる。「シャンムーン」は例外的に古タイ劇でも上演されているが、現在では特に人気の演目というわけで

女性アマチュア劇団による新タイ劇（盈江県新城にて二〇〇五年二月十五日撮影）

はなく、他のアルアン故事は寺院での語り物として語られることの方が多い。

2．民間の新タイ劇

盈江には新タイ劇を演じるアマチュア劇団もある。筆者が2005年に調査したとき、盈江新城には4つの劇団があり、どれも比較的新しく、女性の活躍が目立つのが特徴だった。ある劇団のリーダーはビルマ語や古タイ文字などに堪能な女性で、脚本の編集や演技指導を行っていた。劇団員のほとんどがそれまで演技経験のない素人の女性で、古タイ文字どころか新タイ文字[26]も読むことができず、古タイ文字で書かれた脚本に漢字でルビを振って練習していた。

2012年に新城を訪れた際にも別のアマチュア劇団が夜の広場で新タイ劇を上演しているのを見かけた。その劇団は男女混成で、宗教迷信批判が主題の「三丑会」を上演していた。一般に、かつてのモー・ズーンに相当する有能なリーダーがいれば、素人の演者が集まってもそれなりに劇団の態をなすようである。最近は舞台で上演するのではなく、山、川、寺の境内などで野外撮影をし、タイ劇作品として編集したDVDやVCDを販売したり、親戚や友人に配ったりして徳宏タイ劇を楽しむ人々もいる。

3．専業のタイ劇団

専業のタイ劇団は基本的に政府機関であり、その最大のものが徳宏州タイ劇団である。その前身は1960年に設立された最初の政府系専業劇団、潞西県タイ劇団である。1962年1月に昆明で開かれた雲南省民族戯劇見学上演大会では、この潞西県タイ劇団を中心に徳宏州タイ劇団を組織して参加し、翌年には「徳宏州民族文化工作団」と改称して、タイ劇隊がその下部組織として置かれる形となる。しかしまもなく文化大革命が始まり、革命演劇しか上演できなくなるなど活動の幅が狭まり、1968年にはタイ劇隊そのものが取り消しとなった。1972年頃から徐々に演劇活動が復活し始め、1978年には徳宏州歌舞団の中に再びタイ劇隊が成立、1985年には徳宏州タイ劇団が歌舞団から分かれて独立の劇団となった。1998年の時点で団員は約60人である。1990年代には徳宏州各地の農村を巡回公演するなどしていたが、近年は雲南省や全国の演劇コンクールやビルマへの出張友好公演など、大舞台での活動に絞っているようである。また、州文化局などと協力してしばしばアマチュア劇団員のための学習指導会を行なったり、劇団員を北京の中国戯曲学院に送り込んで学習させたりするなど、徳宏タイ劇の発展・普及のための活動を行なっている。

注

1　花灯戯は雲南の地方劇。小品が多く、田舎で演じられる。

2　旧城は川を挟んで新城の南側にあり、15 ～ 16 世紀の干崖土司署所在地だった。

3　ᥑᥣᥛᥰ ᥕᥣ ᥛᥨᥖ〔xam^{55} ja^{33} mot^{53}、ハーム・ヤモット〕は「シャーマンの節回し」のことで、漢語表記では「巫婆調」となる。ᥑᥣᥛᥰ ᥞᥨᥰ ᥘᥤᥐ〔xam^{55} ho^{55} lik^{53}、ハーム・ホーリック〕は「誦経の節回し」という意味で、漢語では音訳表記で「喊火令」のように書かれることもある。

4　いわゆる上座仏教のことだが、一時出家の慣習がないなど、徳宏ならではの特徴がある。

5　そうした故事の中には、「ウェセンタラ」のような上座仏教系のジャータカのみならず、「目連救母」や「大孝記」のような漢文化に由来する物語も含まれている。

6　宋から元代にかけて江西の弋陽で形成され、民間に流行した節回し。

7　『西南夷風土記』については原文が確認できるが、『南詞引正』と『勐撒謡』については資料が手に入らず、確認できていない。

8　こうして形成されたのが現在のアチャン族とされる。

9　ᥖᥩᥢᥲ ᥘᥩᥖ〔ton^{31} lɔt^{53}〕か。どの樹木かは不明。

10　主にジャータカなどが徳宏に土着化して形成された。詳しくは後述。

11　日本の春駒との関連性も考えられる。

12　土司を支える貴族出身の高官。

13　三国時代の英雄関羽を祀る廟。関羽は強力な神祇として民間での人気が高い。

14　「滇」は雲南地方を指す。

15　躍動的な西皮と抒情的な二黄という二つの節回しを併用するもので、その典型が京劇である。

16　一鎮の軍政を司る軍官。

17　一部の資料では安仁が第何代目なのか情報が錯綜しているが、『刀安仁年譜』によれば、安仁は刀家の第 22 代目で、干崖の土司としては 24 人目とあるのでこれに従う［刀、楊編　1984：1］。

18　雲南と貴州を統括する地方長官。

19　潞西県は現在の芒市を中心とする地域。

20　例えば、袁（1959）、孫（1961）、朱（1961）など。

21　竹製のカスタネットのようなもので調子をとりながら、社会風刺や政治宣伝を歌う芸能。

22　例えば、王（2007）、潜（1981）、潜（1983）、西双版納傣族自治州民族事務委員会編（1988）など。

23　筆者が実際に見た徳宏タイ劇は次のとおりである。2005.2.14（旧暦正月 6

日）盈江県新城広丙村にて「劇神祭祀」と古タイ劇「陳徳陳東」、2005.2.15（旧暦正月7日）新城にて新タイ劇「アルアン・ハイドン」、2005.2.15（旧暦正月7日）盈江県弄章鎮南永村南腮社にて古タイ劇「マ・シップソン」、2012.1.24（旧暦正月2日）盈江弄章芒允で古タイ劇の演者にインタビュー、2012.1.26（旧暦小月4日）盈江県弄章鎮芒賽にて古タイ劇「元帥」「飛龍剣」、2012.1.27（旧暦正月5日）盈江県新城にて新タイ劇「三丑会」。

24 銅製の小さなシンバル。取っ手部分が半球状に盛り上がっている。

25 あらすじの詳細は不明。資料によっては『飛龍伝』『飛龍箭』などの記載があり、すべて同一作品の可能性もある。

26 古タイ文字は母音表記が曖昧で読み下すのに経験と知識が必要なため、1950年代に政府主導でアルファベットの記号などを組み込んだ新タイ文字が開発された。現在、タイ文字の出版物はほとんど新タイ文字を採用している。

Ⅲ　「シャンムーン」の物語

一　元となる物語

「シャンムーン」は、ガンタウィクザ国の第三皇子シャンムーンの冒険譚である。シャンムーンは武者修行の旅の途中、美しいザンブー姫が山の魔物に捉えられていることを知り、救出する。二人は恋に落ちるが、ザンブー姫の兄サワリはガンボーダ国の摂政として、姫を強国サワティの王子スラーイと政略結婚させようとしているため、二人の結婚を認めない。シャンムーンは知恵を使って全面戦争を回避しながら、サワリたちを懲らしめ、ザンブー姫と結婚してガンボーダ国の王となる。

この物語の起源については、現在のところまだよく分かっていない。前述のとおり、「シャンムーン」はアルアン故事の一つと認識されている。アルアンにまつわる物語群は徳宏に550篇伝わるとされているが、その全貌もまだ明らかになっていない。ジャータカと一致する物語、ビルマの民間伝承と一致する物語などがいくつか特定されているが、「シャンムーン」に類似した物語は、少なくともジャータカには見当たらない。

多くの中国人研究者は、1615年に書かれたとされる『論傣族詩歌』に叙事詩「シャンムーン」についての言及があることから、それ以上に古い起源を持つ物語と考えているが、『論傣族詩歌』自体に偽書の疑いがあるため、軽々にその説をとることはできない。

現在、筆者が収集した「シャンムーン」関係の主な書籍は以下の通りである。

①漢訳・物語『シャンムーン皇子とザンブー姫（召相勐喃宗布）』

西双版納傣族自治州人民政府編、雲南民族出版社、2009年出版。

西双版納に伝わる貝葉経の物語『シャンムーン』で、ジャータカの体裁をとっている。西双版納の古タイ文字の原文と詳細な漢語訳が収められているが、原資料の成立年代や収集場所などについては一切記載されていない。とはいえ他の資料に比べて物語の内容がもっとも充実しており、後の異本や脚本に先んじて成立したと考えられる。漢訳は岩香宰と岩香という西双版納タイ族が担当し、それを陳雲東、李雲昌という漢族が整理した。

シャンムーンが修行者から法術を授かるくだりなど、1980年代までなら削除されてもおかしくないエピソードまで収録されているため、比較的信用のおける翻訳になっていると思われる。

②漢訳・古タイ劇脚本「シャンムーン（相勐）」

『傣劇誌』（徳宏傣族景頗族自治州文化局編、文化芸術出版社、1992年出版）の付録。

1867年にビンウ（丙午）出身の元僧侶がビルマで執筆したとされる徳宏の古タイ語脚本を、瑞麗のタイ族である管有成が漢訳し、漢族の施之華が整理したもの。原本は現存すると確認された徳宏タイ劇本としては最古のもので、盈江県文化館に保管されているそうだが、筆者は確認できなかった。①の貝葉経に次いで多くのエピソードが含まれており、訳文も比較的丁寧である。訳者も極力本来の味わいを損なわないようにしたとしている。ただし、いくつかの歌詞については整理したとあるため、たとえば①にあった良い修行者のエピソードが無く、堕落した修行者のエピソードだけが出て来るのは、ビンウの元僧侶自身の意図によるものか、施之華の政治的判断によるものか、原本を見なければ確認できない。

③新徳宏タイ語・新タイ劇脚本「シャンムーン」

盈江県文化館収集・刀保炬整理、徳宏民族出版社、1985年出版。

本書での訳出に使用した底本で、新タイ文字で書かれている。1980年代、高名な徳宏タイ劇作家である刀保炬が②の古い脚本をもとに整理し、実際に上演されたものとされている。歌がメインではあるがセリフも混じる新タイ劇として書かれている。今回の翻訳の協力者である岳小保氏によれば、刀保炬は古タイ劇の素養もあるため、古典的な格調高い文体に仕上がっているという。

④漢訳・西双版納ザンハ叙事詩「シャンムーン（相勐）」

西双版納タイ族自治州民族宗教事務局編、雲南民族出版社、2007年出版。

西双版納にはザンハという詩を朗唱する芸能があり、その歌詞としての

「シャンムーン」を漢語に翻訳したものである。西双版納州の勐海地区の共産党書記であった王松が1960以降勐海で5つの写本を探し出し、それらを整理して漢訳したものだが、本筋に関係ないエピソードを省略し、一部潤色している。王松は1980年代に徳宏で調査した際、徳宏でも「シャンムーン」の物語がよく知られていることを発見したと述べている［王 2007：14］。

このほか、改革開放後にはじめて本格的に「シャンムーン」を紹介した1980年2月の『山茶』があるが、②の簡略版なのでここでは割愛した。また、『傣族文学討論会論文集』（1982）によれば、1957年出版の『雲南民族文学資料集』第三集に「相勐」が掲載されているとのことだが、筆者は確認できなかった。

二　別版とのプロット対比

上記の資料のうち、内容が最も豊富な①と、古タイ劇版の②、新タイ劇版の③のプロット対比を、参考のため以下に示した。

①ジャータカ風物語の特徴は、時折仏祖が物語に注釈を付ける記述がある点である。たとえば最後の部分ではジャータカらしく、シャンムーンは自らの前世で、ザンブー姫はヤシューダラ、サワリは悪魔、スラーイはダイバダッタ、マンタはアナンダでウェイサ国王はモッガラーナだったなどという種明かしがある。登場人物の多くは特異な能力を持っており、シャンムーン自身動物に変化（へんげ）して空中を飛びまわって戦い、ザンブー姫も不思議な炎の囲いをつくって魔物から身を守る。

これに対して②古タイ劇脚本では神通力を持つのはウィロハなど一部の登場人物に限られる。特に、①ジャータカ風物語には登場しなかったランディシンという万能の家来の活躍が突出している。シャンムーンの造形はかなり普通の人間に近くなり、魔物の洞窟からザンブー姫の故郷へ行ったり、処刑を逃れて国に帰ったりする過程では、移動の距離感や苦労などが現実味をもって描写されている。また特に前半、各国の占い師が将来の出来事を予言する件があるのも興味深い。

③新タイ劇脚本では、シャンムーンが極端な平和主義者になるのが特徴である。主戦派の兄ランマディカに盾突いて穏便に求婚することを主張し、優勢に戦っていたにも関わらず、犠牲を少なくするために偽って降伏するほどである。②古タイ劇脚本にも、「ザンブー姫のためにこんな戦争になるなら、自分は出家でもすればよかった」と悩む場面があるため、結局意外にも、ジャータカ風物語のシャンムーンがもっとも勇ましい印象を与える。

他にも仏教に対する評価の違いなど、興味深い点があるが、詳しい分析は別稿にゆずる。

三種類の『シャンムーン』のプロット対比表

①漢訳・ジャータカ風物語『ザオ・シャンムーンとラーン・ザンブー』	②漢訳・古タイ劇脚本「シャンムーン」	③新徳宏タイ語・新タイ劇脚本「シャンムーン」
(地域名と人物名の異同) ウィクザロン国 第一王子ペンマ 第二王子マンタ 第三王子シャンムーン ホーダイ国 サワリ ザンブー ウィロハ スラーイ ダッカシラ国 ウェイサ国	(地域名と人物名の異同) ガンタウィクザ国 第一王子ランマディカ 第二王子マンタ 第三王子シャンムーン ガンボーダ国 サワリ ザンブー ウィロハ スラーイ ダッカソー国 ウェイシャリ国	(地域名と人物名の異同) ガンタウィクザ国 第一王子ランマディカ 第二王子マンタ 第三王子シャンムーン ガンボーザ国 サワリ ザンブー ウィロハ スラーイ ―― ――
出家の必要性を理解できないバンダラ比丘のために、仏祖が物語を語り始める。		

ホーダイ国の王宮に、パナライ神がサワリ王子として、スナンダ女神がザンブー姫として転生する。また、インドラ神の導きで、シェーナンダ菩薩がウィクザロン国の王宮の第三王子シャンムーンとして転生する。		
	ガンタウィクザ国の第一王子ランマディカがウェイシャリ国王の娘と結婚する。	
ウィクザロン国の第二王子マンタが旅に出て女夜叉の難を逃れ、ダッカシラ国の姫と結婚して王となる。	ガンタウィクザ国の第二王子マンタが占い師の予言により旅に出て女夜叉の難を逃れ、ダッカソー国の姫と結婚して王となる。	（後出）
	ガンタウィクザ国王が宴を開き、優れた武術や魔術を披露した青年ランディシンがシャンムーンの側近に取り立てられる。	（後出）
シャンムーンが諸国遍歴の旅に出発する。	（後出）	ガンタウィクザ国王夫妻のもとにマンタ王子の冒険の成功を知らせる手紙が届き、今度はシャンムーンが王家に伝わる宝剣と宝弓を持って、二人の従者を連れて諸国遍歴に出発する。（このときランディシンがシャンムーンの側近になる経緯も語られる）

シャンムーンが森で苦行僧を見かけるが、女色に溺れる堕落した姿を見て失望し、去る。	（後出）	
シャンムーンが尊敬できる苦行僧に会い、三つの法術を習得して、さらに旅を続ける。		
ホーダイ国ではザンブー姫に求婚者が殺到したので婿選びの宴を開くことになる。	ガンボーダ国ではザンブー姫に求婚者が殺到したので婿選びの宴を開くことになる。	ガンボーザ国ではザンブー姫に求婚者が殺到したので婿選びの宴を開くことになる。
力比べに勝ったスラーイが婿に決まるが、その直後ザンブー姫は山の魔物の計略によって失踪する。	力比べに勝ったスラーイが婿に決まるが、その場に突然魔物が現われ、姫をさらっていく。占い師が、一月後にある若者が姫を救出すると予言する。	力比べに勝ったスラーイが婿に決まるが、その場に突然魔物が現われ、姫をさらっていく。
洞窟に閉じこめたザンブー姫がなびかないので、魔物は姫の気持ちが変わるのを待つ。	（後出）	洞窟に閉じこめたザンブー姫がなびかないので、魔物は姫の気持ちが変わるのを待つ。
一人で遍歴するシャンムーンを危ぶんで、インドラ神が宝剣と宝弓と神靴を与える。	占い師の予言により、シャンムーンが王家に伝わる宝剣と宝弓を持って諸国遍歴に出発する。 （途中堕落した苦行僧を見かける）	
	洞窟に閉じこめたザンブー姫がなびかないので、魔物は姫の気持ちが変わるのを待つ。	
シャンムーンが二羽の鳥の話から魔物に捕らわれた姫の存在を知る。	シャンムーンが二羽の鳥の話から魔物に捕らわれた姫の存在を知る。	二人の従者とシャンムーンが小鳥の声に導かれて洞窟にたどり着く。

シャンムーンが洞窟から姫を救い出し、宝剣と宝弓で魔物を退治する。	シャンムーンが洞窟から姫を救い出し、宝剣と宝弓で魔物を退治する。	シャンムーンが洞窟から姫を救い出し、宝剣と宝弓で魔物を退治する。二人の従者は犠牲となる。
シャンムーンは神靴で空を飛び、姫をホーダイ国に送り届ける。このとき姫は婿取りの宴の経緯をシャンムーンに話さなかった。	シャンムーンと姫は長い旅をしてガンボーダ国の近くに来る。このとき姫が婿取りの宴の経緯を話し、シャンムーンは動揺するが姫の愛情を信じることにする。	シャンムーンと姫は長い旅をしてガンボーザ国の近くに来る。このとき姫が婿取りの宴の経緯を話し、シャンムーンは動揺するが姫の愛情を信じることにする。
ホーダイ国の王宮に入る前、シャンムーンは盗まれないように宝剣・宝弓・神靴を国境の花園に隠す。	ガンボーダ国の王宮に入る前、シャンムーンは盗まれないように宝剣・宝弓・神靴を国境の花園に隠す。	ガンボーダ国の王宮に入る前、シャンムーンは武器を持って他国の王に会うのは失礼だと思って宝剣・宝弓・神靴を国境の花園に隠す。
サワリはシャンムーンが姫をさらい、あとで婚約者の存在を知り、その恨みを買うことを恐れて姫を返しに来たと誤解する。サワリは一計を案じてシャンムーンを姫から遠ざけ、捕えて処刑しようとする。	サワリはシャンムーンが魔物であり、人に化けて宮殿に入り込み、多くの人を食べようとしていると誤解する。サワリは一計を案じてシャンムーンを姫から遠ざけ、捕えて処刑しようとする。	スラーイの武力を味方につけたいサワリは、有無を言わさず姫の目の前でシャンムーンを捕えて処刑しようとする。
町の四つの城門の守衛が皆「夜処刑してはならない」と開門を拒んだため、シャンムーンを城外で処刑できず、一晩牢に閉じこめる。	天神が城門の守衛に門を開けさせなかったため、シャンムーンを城外で処刑できず、一晩牢に閉じこめる。	城門の守衛が門を開けなかったため、シャンムーンを城外で処刑できず、一晩牢に閉じこめる。

シャンムーンが捕えられたことを知り、姫と両親がサワリに懇願するがサワリは聞き入れない。姫はサワリの許しを得て牢内のシャンムーンを見舞い、嘆きあう。	シャンムーンが捕えられたことを知り、姫と両親がサワリに懇願するがサワリは聞き入れない。姫は牢内のシャンムーンを見舞い、嘆きあう。	姫と両親がサワリに懇願するがサワリは聞き入れない。姫は牢内のシャンムーンを見舞い、嘆きあう。
姫が部屋に戻って祈祷するとインドラがシャンムーンの傷を治し、牢から救いだす。シャンムーンは花園に隠しておいた宝物を掘り出し、空を飛んでウィクザロン国に帰る。	姫が部屋に戻って祈祷するとシクジャ神がシャンムーンを牢から救いだす。シャンムーンはシクジャ神の助けを得ながら長旅をしてガンタウィクザ国に帰る。	姫が部屋に戻るとシクジャ神がシャンムーンを牢から救いだす。シャンムーンは宝物を取り戻し、シクジャ神の助けを得て瞬く間にガンタウィクザ国に帰る。
	ある国で医者をしていたウィロハがその国の王妃と密通して逃走するが、ひょんなことから功を立ててガンボーダ国に仕官する。	
第一王子ペンマはシャンムーンの話を聞いて怒り、弟のマンタと叔父のウェイサ国王に出兵を促し、ホーダイ国に攻め入る。	ガンタウィクザ国王と第一王子ランマディカはシャンムーンの話を聞いて怒り、弟のマンタに出兵を促すが、シャンムーンの話を聞いて思い直し、ランディシンをガンボーダ国に遣わして正式に求婚することにする。	ガンタウィクザ国の第一王子ランマディカはシャンムーンの話を聞いて怒り、戦うべきだと主張するが、シャンムーンと国王の話を聞いて思い直し、ランディシンをガンボーザ国に遣わして正式に求婚することにする。
仏祖が「このような苦難に会うのは、自分が前世に農民であったとき、農地を荒らしたハリネズミを殺して食べようとしたからである」と語る。		

シャンムーンが逃げたことを知ったサワリは、スラーイと、死者を蘇らせる魔術医のウィロハを呼び、守りを固める。	シャンムーンが逃げたことを知ったサワリは、スラーイと、死者を蘇らせる魔術医のウィロハを呼び、守りを固める。	
	ランディシンが正式に求婚するが、サワリは一蹴する。ランディシンは姫にシャンムーンの手紙を渡し、愛情を確認して引き返す。	ランディシンは姫にシャンムーンの手紙を渡し、その愛情を確認する。翌日ランディシンが正式に求婚するがサワリに一蹴され、帰国する。
ホーダイ国の辺境の小国がウィクザロン国に寝返る。		
両軍が衝突し、多数の死者が出るが、ウィロハが死者を蘇らせるので、ホーダイ国が優勢となる。シャンムーンが苦行僧から習った法術で敵軍を押し返す。	ランディシン元帥のもと、ガンタウィクザ国軍がガンボーダ国に侵攻し、花園で戦闘となる。ランディシンはスラーイを退けるが、ウィロハとの法術合戦は互角となる。	サワリがスラーイとウィロハを従えてガンタウィクザ国に侵攻し、花園で戦闘となる。ランディシンはウィロハとの法術合戦を制す。
ウェイサ王の進言により、降伏すると見せかけてウィロハの首を取ることにする。マンタが呪文をかけたからくりの箱でウィロハを殺すことに成功する。	ランマディカが策を練り、降伏すると見せかけてウィロハの首を取ることにする。ランディシンが呪文をかけたからくりの箱でウィロハを殺すことに成功する。	犠牲を少なくするため、優勢だったにも関わらずランディシンが策を練り、降伏すると見せかけてからくりの箱でウィロハを殺すことに成功する。
ウィロハを失ってあわてたサワリはすべての属国に出兵を命じるがどこも応じず、むしろウィクザロン国に帰順する。		

再び戦闘となり、サワリとシャンムーンも法術を駆使して闘う。続いてサワリとマンタが法術を駆使して闘い、サワリが負傷して逃げる。さらにシャンムーンとスラーイが法術を駆使して闘い、スラーイが首を斬られて死ぬ。	再び花園で戦闘となり、この間シャンムーンは宝剣と宝弓を取り戻すが、姫との愛情のために大戦争になってしまったことを悔やむ。ランディシンはその宝剣と宝弓を使ってスラーイを殺し、サワリを負傷させる。	ランディシンはスラーイを焼き殺し、サワリを負傷させて戦いが終わる。
ホーダイ国がウィクザロン国に降伏する。ペンマとシャンムーンはサワリに引き続きホーダイ国の統治を許す。シャンムーンとザンブーは結婚し、ともにウィクザロン国に向かうが、途中でサワリの死の知らせが入り、二人は引き返してホーダイ国の支配者となる。	ガンボーダ国がガンタウィクザ国に降伏する。ガンボーダ国王の願いを聞き入れ、サワリを許す。シャンムーンとザンブーは結婚し、ともにガンタウィクザ国に向かうが、途中でサワリの死の知らせが入り、二人は引き返してホーダイ国の支配者となる。	ガンボーダ国がランマディカ率いるガンタウィクザ国に降伏する。シャンムーンとザンブーは結婚し、サワリの死の知らせを受けてホーダイ国の支配者となる。
仏祖が「仏法をよく学び、それぞれの職分を全うし、争い合わないように」諭す。		
シャンムーンとザンブーの間に男の子が生まれ、十六年後に結婚して王位を継ぐ。退位したシャンムーンはザンブー姫をつれてウィクザロン国を訪れ、大歓迎を受ける。		
各登場人物が現世の誰の前世であったか、最後に仏祖が明かす。		

Ⅳ　戯曲「シャンムーン」

一　徳宏タイ劇の文彩

徳宏の民謡には俗に44もの節回しがあると言われており、韻の踏み方などの文彩も独特である。徳宏タイ劇ではそうした多種多様な詩的用法が駆使される。以下、刀（1997）の解説をもとに、ごく一部ではあるがいくつかその主な特徴を紹介する。

詩句の長短には細かい規定がなく、日本の五七五のような字数制限はないが、一節が上の句と下の句で構成されることが多い。上の句の冒頭には呼びかけや願望や心情などを表す前置きのような語句がしばしば置かれる。前置きと句全体の内容は、意味的には無関係のこともある。句末にも、ある種の感嘆詞のような、あまり深い意味のない語句を添えるのが普通である。

韻の踏み方にもいくつかのパターンがある。冒頭の前置きと、句末の感嘆詞を除いて、上の句の最後の一音と、下の句の後ろから３番目の音で韻を踏むのが一般的だが、後ろから５番目の音や、まれに偶数番目の音と韻を踏むこともある。また、上の句の最後の一字と、下の句の中の一字（多くは奇数番目）で押韻したり、一つの句の中で連続して韻を踏んだりもする。

徳宏タイ語には６つの声調[1]があり、この声調を使った押韻技法もある。例えば第２声で始めた上の句は第３声で終わらせ、後ろから３つ目の音節は第２声、５つ目は第４声にする、といった具合である。

以下に、いくつかの代表的な節回しを挙げる。

１．「鸚鵡調」alɯn aՈoc〔xam^{55} xeu^{35}、ハーム・ヒェウ〕

「オウムの声のように耳に心地よい歌」の意で、本来は男女がやりとりする恋歌の形式だったが、徳宏タイ劇では幕が開く前の序歌や劇の最後に歌うことも多い。

例）序歌

「ああ、菊の香りよ、これから私たちが語るのはアルアン・シャンムーンの物語です。」

さて　香る　菊　〔感嘆詞〕この時　条　行　語　いろは

私たち

〔ここまで上の句。前置きがあり、四角内の音が押韻している〕

将に　演出する　伝える　～の事　劇の内容　羅漢

シャンムーン　語る　表わす

〔ここまで下の句。四角内の音が押韻している〕

2.「山歌調」〔xam^{55} mak^{11}、ハーム・マーク〕

本来は野山で歌う民謡で、語れる内容も形式も比較的自由度が高い。上の句も下の句も必ず感嘆詞で終わる。

例）シャンムーンとザンブー姫が森を歩く場面

「風に揺れる穂よ、皇子と姫が共に手を携えて道を行きます。縄を編むように、共に愛情を綯い合わせて行きます。」

穂　風に揺れる〔感嘆詞〕王子　行く姫　一緒に　道　合わせる

肘を付ける〔感嘆詞〕

〔ここまで上の句。上の句を第２声で始めたら第３声で終えるという声調の押韻がある〕

[Tai Le script]

共に 縄を編む　愛情　伝える 私 〔感嘆詞〕

〔下の句には、上の句の最後の第３声と呼応する押韻がある〕

３.「タイ劇調」[Tai Le script]〔xam^{55} tsəŋ^{55}、ハーム・ズーン〕

徳宏タイ劇独特の節回しで、男性役と女性役で違いがある。男性用は緩やかで力強く、女性用は優美でより情感に訴えるとされる。普通、前置きなしで始まる。

例）シャンムーンとザンブー姫が森を歩く場面

「皇子と姫は、藤蔓と象豆が絡み合う道を歩けば歩くほど楽しくなります。野生のサルが山を跳ねまわり、谷で落ち合い、枝を掴み、並んでぶら下がっているのを見るのはとても楽しく、好ましく思わずにはいられません。」

[Tai Le script]

今　王子と姫　歩けば歩くほど嬉しい　藤蔓　象豆

[Tai Le script]

道端の　纏う　会う　場所　交錯する

〔上の句を第２声で始めたら終わりは第３声とし、後ろから３つ目の音は第２声、後ろから５つ目の音は第４声とするという声調の押韻が見られる〕

[Tai Le script]

させる　見れば見るほど好き　野猿　跳ねていく　山の方

[Tai Le script]

再び会う　谷　枝を掴む　連なる

〔句内に複数の押韻が見られる〕

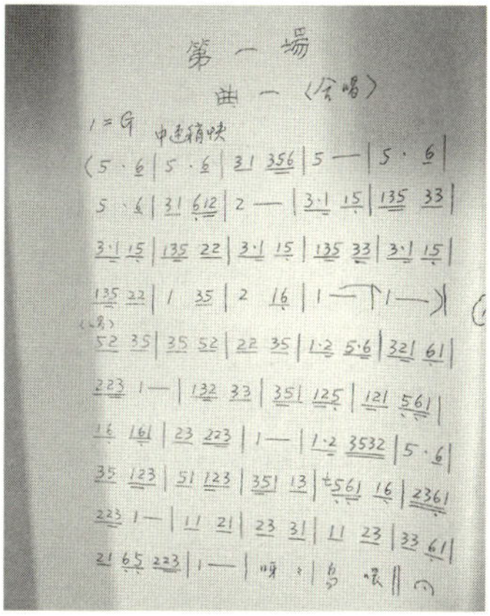

楽譜

各地　跳ねる 抱く　とても見て楽しい〔感嘆詞〕

〔下の句を第2声で終わらせたら、後ろから3つ目の音は第3声、後ろから5つ目の音は第1声とするという声調の押韻が見られる〕

注

1　音の高低で発音を弁別すること。日本語で言えば、同じ「ああ」でも語尾を下げればなにかを納得したことの意思表示となり、語尾を上げれば相手に聞き返す表現となるように、声調の違いが意味にも違いを生じさせる。

二　和訳文

以下は1985年に出版された新タイ劇脚本『シャンムーン』の全訳である。翻訳に取り組んだのは2010-2012年で、潞西県のタイ族知識人岳小保氏の全面的な協力をいただいた。

本書は新タイ劇であるとはいえ、古タイ劇をベースにしているため難解な古語的表現が頻出し、また誤字脱字も非常に多く、岳氏の学識をもってしても上手く解釈できない部分があった。そういう部分については岳氏以外の知識人の意見も聞きつつ、比較的もっとも適切と思われる解釈を採用した。

シャンムーン[1]（タイ劇）

ベンウ村のダウ地区[2]出身の僧侶で、還俗して作家になった人が書き、盈江県の文化館[3]が収集し、刀保炬[4]が編集した。

徳宏民族出版社[5]

劇中人物

ガンタウィクザ国[6]の人々

ガンタウィクザ国皇帝[7]　名はシリタンマ。

ガンタウィクザ国皇后　シリタンマの妻、名はソイバドンマ。

第一皇子[8]　シリタンマの長男、名はランマディカ。

第二皇子　シリタンマの次男、名はマンタ。

シャンムーン皇子　シリタンマの三男。

オワンバ大臣[9]

デウィンダ大臣

スージッダ大臣

ランディシン将軍[10]

仲人の女性二人　侍女数人

シャンムーンの家来と小姓数人

ガンボーザ国の人々
ガンボーザ国皇帝　名はバプファ。
ガンボーザ国皇后
サワリ　ガンボーザ皇帝の息子で摂政。
ザンブー姫　ガンボーザ皇帝の娘
オワンダ大臣
スーランタ大臣
ウィロハ　国師[11]
侍女と家来数人
下々の民衆各世代の人々数人

その他の国の人々
スラーイ将軍　サワティ国の王子
バクザウゾアン　バックザウゾアン[12]国の王子
ヘンザウグップ　ヘンザウグップ国の王子
ムンザウドイ　ムンザウドイ国の王子

注

1 ᥔᥦᥒᥰ ᥛᥫᥒᥱ〔sɛŋ³⁵ məŋ⁵⁵〕主人公の名前。字義的には「宝石、国の」で、国の宝、の意味。

2 ベンウ村のダウ地区。村は弄璋の南西にある。ダウとは「下手」の意味で、大盈江の下流の方向、すなわち南西方向を指す。

3 地方政府の機関で古籍の蒐集や民間芸能の保護を担当する。

4 1929-1990。干崖土司署の劇団員であった父の手ほどきを受け、12歳で初舞台を踏み、若いころは主に女形として活躍した。30代から脚本の創作や編集を手がけ、「人民公社の良い隊長」などを発表したが、文化大革命では富農分子として労働改造を経験した。1975年ごろから再び劇作家として活動し、晩年「アルアン・シャンムーン」を新タイ劇化した。

5 徳宏地方に暮らす少数民族の言語・文字による作品を多数出版している。総人口100万人規模以下の少数民族向け作品の出版社は中国でもめずらしい。

6 冒頭のガンタは ᥐᥢᥲ ᥗᥣᥲ〔kăn¹¹ tha¹¹〕「悠久の」で枕詞的なもの。本作品の国名が具体的にどの地方に当たるかは不明である。

7 ᥝᥩᥒᥳ〔vɔŋ⁵³〕「皇帝、天子」。

8 ᥑᥧᥢᥰ〔xun³⁵〕「主人、殿、官僚、将軍」。広く高位の人物を表す。「王子」の意味ではビルマ語起源の ᥛᥣᥒᥱ ᥔᥣᥱ〔maŋ⁵⁵ sa⁵⁵〕「皇太子、王子、親王」もよく使われているが、ここでは ᥝᥩᥒᥳ「皇帝」の息子は「皇子」、それ以外は「王子」と訳し分けた。

9 ᥚᥩᥒᥱ ᥛᥫᥒᥱ〔phɔŋ⁵⁵ məŋ⁵⁵〕「大臣、宰相」。

10 ここでは王子や皇子との違いを明確にするため、また他の家来に比べて武官的なランディシンの性格をふまえて、ᥑᥧᥢᥰ を「将軍」と訳した。

11 ᥛᥨᥰ ᥛᥫᥒᥱ〔mo³⁵ məŋ⁵⁵〕「国の師」。日柄の見方や医術など、多くの智慧や技術を身に着け、国王に助言できる賢人。

12 バクザウゾアンは直訳すると「百の傘の国主」、ヘンザウグップは「千の帽子の国主」、ムンザウドイは「万の雨具の国主」となる。いずれも小国だが、傘や帽子は国の規模を表し、「雨具」レベルの国は天下に五「万」とあることから、もっとも小規模な国を象徴する。

第一幕　故郷を離れて諸国遍歴を願う

場所：ガンタウィクザ国の皇宮。きらびやかな玉座が置かれている。

（幕の後ろで全員が一緒にハーム・ヒェウ[1]を歌う）

全員　ああ、菊の香りよ[2]、これから私たちが語るのはアルアン[3]・シャンムーンの物語です。この季節、各地で次々と花開き、香りを漂わすように、この物語を演じ、香らせましょう。タイ族も漢族も共に暮らす天（あめ）の下の、このタイ国の盆地に。

花よ、今こそ咲きなさい。アルアンの時代を偲ぶ輝かしい物語が色あせることのないように。若く賢明なアルアン・シャンムーンの物語が穢れなく輝きますように。

今からこの栄光の物語をこの広く平らな大地の上で披露しますので、どうか同郷のみなさん、しっかり聞いてください。

この物語がずっと伝承され続けますように。この思一族[4]の後裔であるタイ国にまつわる脚本は、昔から若い世代へと種を植えては収穫するように伝えられてきたものです。この若いアルアンの物語が語るのは、宝石のように美しい恋人を探し出して愛を育む幸せなお話です。それと同時にアルアンはさまざまな技術や知略を身に着けていきます。今まさにアルアンは、高貴

1　alʉn aՈoc〔xam^{55} xeu^{35}〕「鸚鵡調」と呼ばれる節回し。

2　徳宏タイ語の劇中歌の出だしは、しばしばこのように花や宝石など美しいものを称える前置きから始まる。

3　ɲl ɑՍՈn〔α^{33} $lɔŋ^{55}$〕。アルアンは「羅漢」のことと思われる。中国ではよく「菩薩」とも意訳されるが、狭義には仏陀の前世の人物、広義には神童を指す。

4　u[c〔$sə^{35}$〕音そのものとしては「虎」の意。十五世紀に広大なムンマオ王国を形成し、のちに猛卯土司となったタイ系民族の一族の姓。

徳宏の寺と仏塔（潞西県風平にて二〇一一年九月十八日撮影）

な両親のもとを離れて、諸国遍歴の旅に出ようとしています。そして山中のいばらの森へと分け入り、美しくも薄幸な皇女ザンブー姫を、洞窟に閉じ込めている魔物に出会います。若いアルアンは森の悪い魔物によって死の危険にさらされますが、それに負けることなく、蓮の花のように美しいザンブー姫を困難から救い出すのです。二人はまるで編まれた糸のように恋に落ちます。二人は共に枕を並べられるように前世で仏塔[5]に願をかけ、天界がそのような因縁に二人を定めていたのです。さあ、よく聞いてください。美しいタイの国に住まう老若男女の同胞たち、どうかしっかりと脳裏に刻んでください、われわれが演じるこの物語を。

（幕が上がる。兵士たちが四人登場し、玉座の近くに立つ）

スージッダ大臣 （登場して歌う）今や東の空が明るくなり、鬱蒼と茂った木の葉にはたくさん

5　今世で報われるように、前世で善行をして功徳を積むことを、前世に仏塔を建てることにたとえている。ここではとりわけ「よい姻縁」のこと。ᥐᥨᥱ ᥐᥧᥢᥰ ᥛᥩᥰ ᥑᥣᥴ ᥢᥥ ᥢᥧᥢᥴ(子供たちを結婚させる)、ᥐᥨᥱ ᥐᥧᥢᥰ ᥛᥩᥰ ᥑᥣᥴ ᥙᥥᥢᥰ ᥞ ᥘᥖ, ᥙᥩᥱ ᥝᥘᥣ ᥐᥧᥢᥰ ᥛᥩᥰ ᥑᥣᥴ ᥙᥥᥢᥰ ᥔᥢᥴ（仏塔を天まで積み上げてしまったなら、今更新地にするべきではない＝恋愛関係が出来上がってしまったものは認めたほうがよい）などの用法がある。

の露が降りて濡れている。鶏たちがこの首府でも騒がしく羽をばたつかせて一斉に鳴きだした。このスージッダは貴族で、国政を補佐する大臣の筆頭であり、宰相にとりたてられている。今日は紅金の傘蓋で飾られたこの美しい宮殿へ、陛下に相談することがあって、わき目も振らずやってきた。おや、今度は同じ一族のデウィンダ大臣がまっすぐこっちにやって来るぞ。

デウィンダ大臣　（登場して歌う）このデウィンダは貴い生まれで人々を統率する宰相である。今日は陛下に相談したいことがあり、夜が明けてすぐこの美しい宮殿にやってきた。おや、あそこに筆頭大臣が先に来ておられるようだ。

（二人は合掌して挨拶を交わし、続けて歌う）天子の大臣を務めるわれわれはすでに宮殿にやってきた。あとはこの国を統治する立派な君主様がいらっしゃって玉座に座られるのを待つだけだ。

（皇帝シリタンマと皇后が威勢を示しながら登場し、蓮華の玉座にのぼって坐る。全員合掌し、顔を合わせる）

ガンタウィクザ国皇帝　（歌う）今、私は天界の二十天に住まう神々の種子[6]として、月の下すなわちこの世に転生した。私はマハラジャ[7]として帝国の傘[8]を開き、その傘の下では、一千もの小国王たちが私の前に跪いている。この国の名はガンタウィクザといい、そこには広大な幸せの領域が広がる。流麗な甍（いらか）が美しく連な

6　皇族、王族など高貴な身分の者は天界の神々が下生したものと考えられている。

7　ᦙᦱ ᦠᦱ ᦟᦱ ᦋᦱ〔ma^{11} ha^{33} la^{53} tsa^{11}〕。偉大な王の意。

8　国はしばしば傘に譬えられる。

9　石灰は宮殿を白く輝かせる高価な建築材料である。

り、国の真ん中には光り輝く宮殿がそびえてまことに比類ない素晴らしさだ。都は美しく整えられ、誰が見ても讃嘆するように、石灰[9]がたっぷり塗られている。朝に夕ににぎやかな音楽が奏でられ、太鼓は天まで響き、瓢箪笛の音も本当に生き生きとしている。さてこの国の天子である私の美名はシリタンマという。実に大きな傘のような帝であり、この上ない大君主である。いつも傍らにいる皇后は、天女が下生したかのように美しく素晴らしい女性で、権勢のある良家の出だ。

ガンタウィクザ国皇后　（歌う）皇后である私は天から下された吉祥の妃として天子様と一対となったこの国の父母です。名はソイバドンマといい、皇族出身で、真に心優しく高貴な女王です。私の美名は各地の百もの王国や千の街角にまで聞こえています。皇帝と皇后が肩を並べ、傘蓋の下で国を掌握しているのはまことに喜ばしいことです。

オワンバ大臣　（手に帳面を持って現われ、歌う）私オワンバは君主の血筋で、国を補佐する大官の宰相です。英明な君主から命令を承ったあの日から、私は国中を視察して、今ようやく活気ある瓦屋根の宮殿に戻ってまいりました。これから最高の統治者である真の帝の前に拝跪し、ご報告したいと思います。（合掌、叩頭して語る）謹んで、皇帝陛下に拝し奉ります。私はあなた様の命令を受けて、輝かしくも美しい帝国各地を視察してまいりました。陛下のおかげで皆暮らし向きもよく、人も多く、食物や金銀も増え、ますます栄えております。災害や争いごともなく、雨も毎年順調に降っています。細かいことについては、すべてこれに記録しておりますのでご覧ください。

皇帝　(報告書を受けとってざっと目を通し、語る) わが大臣よ、ご苦労だった。よく休むがよい。(続けて歌う) 私がこの魚網のように広く豊かで偉大なガンタウィクザ国を継承してから、わが国の名声は遠くの国々にまで広く伝わり、人々は我が名を称賛している。これは、勇ましい戦士たちと数万もの多くの兵器で国を守っているからだ。同時に各々の我が大臣たちが皆、熱心に私を補佐してくれていることも見逃せない。今では我が国中を老いも若きも盛んに行き交い、市場も次々にできてきた。すべての山道や坂道で荷駄を運ぶ鈴の音[10]が鳴り響き、船では盛んに財貨が売買されている。数多(あまた)の地域や国々から多種多様なものが運ばれてきて、我が国は大いに繁栄している。しかも我が国土は広く平らで、都にはなんの争いもなく、一千もの家がハチの巣のように密集し、人々の暮らしは実に平穏だ。米も水も国中に行き渡り、雨も降るべき時にたくさん降る。今、我が国は、なんの災厄もない、かつてなく美しく素晴らしい日々を謳歌している。まるでおとぎ話に出てくる天界のように活気にあふれ、栄えているのだ。

皇后　(歌う) 全盛を極めるわが君さま、あなた

10　馬を輸送手段とする隊商である「馬幇」を象徴する。

11　筍は若さや美しさの象徴として、貴人の枕詞として頻出する。また、劇中の登場人物が自らをこのように賛美するセリフを言うのは奇異なことではない。

12　[illegible]〔phi35〕。天上の神から死霊、悪鬼まで、霊的なものを幅広く指す。

13　[illegible]〔jăk53 xa53〕。

の都はまさに清明に栄えております。国中、皇宮中に笑みと喜びが絶えず、筍や玉や翡翠のように美しい私[11]もそれに貢献しております。でも、国がこのように栄えているとはいえ、もしも国璽を継承する息子がいなければ、それが末永く続くことはありません。今やわが君は頂点を極め、国土も非常に隆盛して、そのことは早くも広く知れ渡っています。幸運にも私は神[12]の祝福とご加護を受け、国の跡継ぎとして三人の美しい皇子を授かっているのです。

小姓　（手紙を持って登場し、叩頭して話す）陛下に申しあげます。若君のマンタ皇子がダッカソー国からお手紙を送って来られました。

皇帝　（手紙を受け取り、語る）どれ。（手紙を読む）「父上、母上、つつがなくお過ごしでしょうか」

皇后　（喜んで応える）もちろん元気ですとも。息災ですとも。あなたの父上は毎日朝から晩まで武術の鍛錬に励んでいます。私もとても元気にしていますよ。

皇帝　（大笑して語る）王妃よ、いったい誰に返答しているのだね？私たちの息子が手紙を書いてよこしただけだよ。本人がここへ来たわけではないのに。（再び手紙を読む）「私マンタは皇宮を出てから、途中で女の夜叉[13]にばったり出会いました。女夜叉は勇敢な五人の家来をすべて食べてしまいました。私がダッカソー国へ向かうと、女夜叉は今度は美しい娘に変身して別の小道からついてきました。妖怪はダッカソーの国王に見初められ、王宮で国王の相手をするようになりました。ところが夜になると娘は夜叉の本性を現し、国王ばかりかその時王宮にいたすべての人をみんな食べてしまいました。大臣達は集まって相談し、私に王位に就くよう要請し、なおかつ宝石のように美しい姫と娶わせました。私はすでにその姫と結婚し、毎日一緒にとても楽しく暮らしています[14]。大恩ある父上母上におかれましては、どうかご安心ください。お二人の平安をお祈りいたします。マンタがお手紙でご報告申しあげました」

王妃　（歌う）今、息子が送ってきてくれた手紙を読み、聞くことができました。この瓦の宮殿を支配する恩徳ある両親（わたしたち）は、嬉しい思いで満たされています。

皇帝　（歌う）息子は行った先で結婚して落ち着くことができた。しかもダッカソーという遠く広い王国の都を支配している。これで私もようやく安心した。私のもう一人の息子は、すでに自らの手で一国の王となり、名を遂げている。今後は美しい銀の塔飾り[15]のついた石灰の宮殿に住む王として国を治めていくだろう。

皇后　（歌う）今や残っているのは、肌も目も綺麗で若々しく、仙人のように立派な皇子で、人並みならぬ幸運の持ち主、末っ子シャンムーンだけですね。あの子はどこで苦労を共にしてくれる運命の妻を選び、一緒に暮らすようになるのでしょうか。

14　このマンタ皇子の挿話は①ジャータカ風物語および②古タイ劇脚本の内容とほぼ一致する。ただ、①②では占いによってこのことが予言されており、①では四人、②では五人の従者を連れて行く。

15　ᦑᦲ〔thi^{55}〕。仏塔や仏殿の頂に付ける銀細工。塔型で、風に揺れると音が鳴る。

蓮花山のタイ劇愛好家によるビデオ作品のシャンムーン

皇帝　（語る）それは確かにずっと気になっている大きな心配事の一つだ。（小姓に命じる）これ！　今すぐシャンムーン皇子をここに呼んできなさい。

小姓　（語る）はい、かしこまりました。（一旦退場し、シャンムーン皇子と共に再び登場する）

シャンムーン　（歌う）私は天の神々が下界に撒いた天種の皇子として名を馳せている。年は十九を過ぎてこれから二十歳になるところ。ちょうど花が開き、露水（つゆ）の重さで枝がたわむようなみずみずしい年頃だ。私は若く清く美しい末っ子の若者シャンムーン。私のうわさは遠くまで伝わり、各地の小さな国の人々まで私を褒め称える。今、両親が私をお呼びだと聞いたので、お二人の宮殿に向かい、お目にかかろう。（一礼して語る）父上、母上、ごきげんよう。私をお呼びになったのは、どんな御用でしょうか。

皇后　（語る）息子よ、一番上の兄であるランマディカ皇子は、すでに父上の言いつけを受け入れて、美しいモードアン姫と結婚しました。また、お前の二番目の兄であるマンタ皇子は、遠い国へ行って、すでに勇敢にもダッカソーという小国[16]を支配しています。残っているのはあなただけです。どこからか素敵なお嫁さんをお前に迎えなければ、親(わたし)の気持ちは休まらないのです。

皇帝　（語る）以前私たちが嫁を選ぶための大きなポイ[17]を開いたとき、予想以上に多くの美しい娘たちが宮廷の庭に詰めかけたので、お前のためにその中からひときわ美しい花を一輪摘んでやろうと思ったのに、お前は頭を横に振って、欲しいと思う娘と違うと言った。悲しみを分かち合えるような運命の人は一人もいないと言った。そしてむしろランディシンという若者のことを気に入って、彼が従者として居さえすればよいと言ったのだ[18]。しかし今度こそは、必ず私たちの言葉に従いなさい。

シャンムーン　（すぐに大きなため息をつく）

皇后　（語る）我が子よ、いったい何を考えているの？私たちにはっきり教えてちょうだい。

シャンムーン　（一礼して語る）父上、母上、私のためにいろいろ考えてくださって、本当にありがとうございます。でも、私は申し上げたいことがあるのです…。

皇帝　（語る）息子よ、話したいことがあるなら、こっちへ来て話しなさい。

シャンムーン　（立ち上がって歌う）今、お二人

16　ᥛᥫᥒᥰ ᥑᥛᥰ〔$mə\eta^{55}$ xam^{55}〕「金の国」で、正確には中規模の国を指す。大国は ᥛᥫᥒᥰ ᥔᥥᥒᥴ〔$mə\eta^{55}$ $s\varepsilon\eta^{35}$〕「玉の国」。徳宏タイでは銀、金、玉の順に価値が上がっていく。

17　ᥙᥩᥭᥰ〔$pɔi^{55}$〕。祭りなど大規模な集会や宴のこと。

18　②古タイ劇ではポイでランディシンが武術を披露し、シャンムーンに気に入られる件(くだり)がある。

のお考えを聞き及ぶところによると、息子である私シャンムーンに、お眼に適う美しい嫁を選び、与えるとおっしゃいます。あのとき、多くの娘たちの中から一人の意に叶う素晴らしい女性を選ぶのは、私にはとても難しく、気が重いことでした。それに私はまだ若く、成長しているところです。私はこの南膳部州[19]の広い世界を、山地の方まで遍歴したいのです。この天下には多くの治世の方法があるので、私は各地を遍歴して見聞を広め、学びたいのです。そうやってたくさんの知識を身につけてから嫁選びをし、結婚してお二人のお世話をしたいと思います。

皇后　（歌う）今、母である私は、常人を超えた幸運に恵まれた見目良い我が子シャンムーンが大人になったことを知りました。聞けば、息子（このこ）は地方の村や町など、森をも含む広くて遠いところを遍歴したいと言います。私はこれから美しい息子シャンムーンに穏やかに話しかけて引き留めたい。息子はこの私たちの家を遠く離れて行くというのだから、とても安心して行かせることはできません。さあ、大事な息子よ、お前は多くの木々がうっそうと茂る森のような危険な場所に行きたがっていますが、そういう林や荒野には恐ろしい鬼が住んでいて人を食べるという話を、まさか聞いたことがないわけではないでしょうね。私の愛しい息子よ、枝が蕾を覆い隠すような深い森を遍歴しようなどと考えないで。熊や虎もたくさんいると聞いているの

19　仏教の世界観では、この世は須弥山とその東西南北にある四つの大陸から成っていて、そのうちわれわれが住んでいるのはこの南膳部州であるとされる。

で、母（わたし）はなおさら恐ろしいのです。愛しい息子をそんなところに行かせるなんて、絶対にできません。わが子よ、私の話を聞き入れて、今から私たちのいるこの場所で、みめ良い娘を探して娶りなさい。お前の両親がこれから準備をするから、夫婦（めおと）となる運命の星の下にある美しい娘と、結婚するのです。

シャンムーン　（歌う）今、私を行かせられないという母上のお考えをうかがい、じきじきに私をいさめる優しいお声を聴きました。しかしこの恵まれた私の心中にあるのは、ただ一心に、野生の動物や草花にあふれた天然の森を遍歴したいという思いだけなのです。（進み出て父を拝し、語る）父上、どうかお許しを。

皇帝　（語る）妃よ、俗に言うではないか。「茎の大きな金のハスでも、小さな器に植えてしまうと、国という広々とした池で育てたものほど大きく美しく花開くことはない」と。探求したいものがあるなら旅をさせ、上達したいことがあるなら諸国を遍歴させて、見聞を広めるのがいいだろう。息子を行かせてやろうではないか。

シャンムーン　（語る）父上母上、どうぞお許しください。私はすぐにも出発したいと思います[20]。

皇后　（語る）ちょっとお待ちなさい。お前一人で遠い国へ行かせるのは、どんな災難や災厄が待っているかと思うと、心配でなりません。

皇帝　（語る）スージッダよ、例の宝剣と玉弓[21]を持って来なさい。

20　①ジャータカ風物語と④ザンハ叙事詩では、ここで占い師がこの出立を吉と占う。②古タイ劇では占い師が魔物に捕らわれた姫を救出することを予言し、伴を連れずに出立させる。

21　宝剣と玉弓は、実際のジャータカでもしばしば有能な王子や国王の持ち物として登場する。

スージッダ大臣　（語る）かしこまりました。（いったん退場し、持ってくる）ご主人様、宝剣と玉弓を持って参りました。

皇帝　（語る）シャンムーンよ、これが宝剣と玉弓だ。どちらも先祖代々受け継がれてきたが、どんなに力をこめても、この剣を抜き、弓を引くことのできた者はいなかった。もしそなたにその力があるならば、剣も弓も、使うがよかろう。

シャンムーン　（語る）では使えるかどうか、試してみましょう。（シャンムーンはやすやすと剣を抜き放ち、何度も弓を引いてみせる。国王夫妻は喜んで褒め称える）

皇帝　（語る）わが子シャンムーンよ、まるで十頭の雄象にも等しい力量だ。ほかに、二人の従者をつけてやろう。いっしょに旅立つがよい。

皇后　（語る）シャンムーンや、宝剣と玉弓は、しっかりと肌身離さず身につけておきなさい。それで悪事を働いてはいけませんよ。災いから身を守るためだけにお使いなさい。

シャンムーン　（一礼して語る）父上と母上のご恩に感謝します。（剣と弓を持って立ち上がり、語る）従者たちよ、行くぞ。（退場する）

皇帝　（歌う）私たちは頼もしい息子が父母に拝跪し、希望に満ちていとまごいするのを目の当たりにした。彼の行く手を阻むようなことはもうやめよう。私たちは一族主従ともども、速やかに踵を返して皇宮に戻るのがいいだろう。

（一同退場し、幕が下りる）

第二幕　婿選びの宴

場所：ガンボーザ国郊外の花園。

（二人の護衛兵を連れて、サワリが登場する）

摂政サワリ　（歌う）私は威光ある神の種子、タイ族の住む大地をまるで輝く炎のように駆け巡る。私は天下のガンボーザ国の広大な土地を支配する者。抜群の名声を得て、実に威風堂々としている。私は一つのよい傘のように素晴らしい国を統治する帝[22]、バプファ皇帝の嫡子であり、タイ族やダイ族[23]が楽しく暮らす人間界に神から遣わされた、勇敢な天孫にして威光ある摂政[24]でもある。人々は誰も私には逆らえない。私が心中いつも願っているのは、近隣の豊かな百の大国を支配する皇帝になることだ。神が遣わした善良な天子には、もう一人白玉のように美しい実の娘にして私の妹、ザンブー姫がいる。この妹の素晴らしさは神さえも凌駕すると誰もが讃え、その名声はまるで豊かな花の香りのように各地に聞こえ伝わっている。池に咲くハスやスイレンの花芯のように美しい姫のうわさは、香るがごとく各国に知れ渡り、南瞻部洲の各地を統治している百もの王国の王子たちが、今まさに妹に求婚するためにたくさんここへやって来たところだ。各地の王子たちは群れを成して殺到し、宝石のように美しく、金の

22　〔$tsăn^{11}$ ta^{11} la^{33} tsa^{11}〕直訳すれば「月の王」、意訳すれば「月下（天下）の王」か。

23　〔$th\breve{a}i^{55}$〕と〔$t\breve{a}i^{55}$〕。いわゆる「タイ族」の中にはさまざまな支系があり、「タイ」を自称するものもあれば「ダイ」を自称するものもある。

24　〔$k\varepsilon m^{33}$ $m\partial\eta^{55}$〕。「国をたすける者」の意。

花束のように香しいザンブー姫を、妻に迎えたいと言いたてる。もはや優柔不断な父母や大臣、家臣たちではお手上げなので、私が兄としてこの重責を果たさねばならない。各地の王子たちは軍を率いてやってきてわが都を囲み、うるさく叫んでいるので、もし婿の選び方を誤ると、彼らはきっと軍を動かし、私を殺すだろう。そうなると国中が兵禍で大混乱となり、互いに斬り合いとなり、だらしなく口を開けた死体が累をなし、町を破壊することになる。私たちとしても、今はまだ誰を迎え誰を遠ざけるべきか、公正な判断ができない。このうえは、国を挙げて宴を開き、どこのだれでも美しいザンブー姫に求婚し、互いに競争できるようにするのがよかろう。そういうわけで私は今、宴を催すために、木々の生い茂った花園の中心に来ている。これから家来や小姓に命じて、この美しい国を統治する国王の実の子である我が妹、美しいザンブー姫を呼びにいかせよう。（続けて語る）家来たちよ、ザンブー姫を迎えに行き、ここにきてわが国の婿を選べと伝えよ。

家来　（語る）はい、かしこまりました。（退場する）

摂政サワリ　（歌う）今日はちょうど日柄もよい。私はこれから右腕として使えそうな勇敢な実力者を見極めて、婿を選ぶとしよう。もしも毎日武芸に励むような武力のある者が私の義弟となったら、力を合わせて敵を倒し、他国を侵略したいものだ[25]。（笑う）ハハハ！

25　④ザンハ叙事詩でもサワリは最初からこのような野心を秘めて婿選びに臨む。①ジャータカ風物語と②古タイ劇ではそうした記述はない。

（二人の侍女が、ザンブー姫に付き従いながら、家来と共に登場する）

ザンブー姫　（手を合わせて挨拶し、語る）兄上、参りました。

摂政サワリ　（語る）よしよし。妹よ、お前の評判があまりにも高いものだから、もう百人もの王子たちがお前を嫁に欲しいと言ってきているのだよ。兄としては慎重に話を進めるしかない。こっちの王子にお前をやると、あっちの王子が傷ついてしまうという状況だからね。これから人を集めてきちんと婿選びをしよう。私はそこで七ソアック[26]もある大きな石を空中に投げ上げるつもりだ。そうしてそれを手で受け止められる力のある者だけが、この私の妹という宝石を手に入れることになるのだ。

ザンブー姫　（語る）兄上、もし愚かな人や粗野な者が勝利を得たら、私は悲しみにくれることになりますが、それでも兄上はこの結婚に同意なさるのですか？

摂政サワリ　（語る）これこれ、妹よ。石は一ワー[27]ほどもあるのだよ。考えてもみなさい。愚かな者が、それを受け止めることなどできようか。

ザンブー姫　（語る）でも一概には言えますまい。ある人は馬鹿力を出すことはできても、頭の中にはカビの生えた稲ワラしか入っていないこともあります。またある人は、心に智慧を秘めていても、象のような力を持ってはいません。私は智慧の豊かな人を選びたいのです。どうか兄

26　ᦉᦸᧅ〔sɔk^{11}〕。一ソアックは肘から指の先までの長さ。

27　ᦞᦱᧈ〔va^{55}〕。一ワーは両手を肩の高さでまっすぐ両方向に広げた指から指までの長さ。

上、そのようなやり方はやめて、若くか弱い私の願いを聞いてください。

摂政サワリ　そうは言っても他国の軍隊がすでに到着していて、お前の兄にはもうどうすることもできないのだ。妹よ、なにかいい考えがあるならこの兄に言ってみなさい。

ザンブー姫　（語る）兄上、どうか別のやり方を考えてください[28]。

摂政サワリ　（語る）どこの国でも王国の婿取りをするときは、宴を開いて選ぶのが普通のやり方だ。侍女たちよ、ザンブー姫に付き添って、テラスに上がりなさい。

侍女　（語る）はい、かしこまりました。

摂政サワリ　（語る）家来たち、銅鑼を打って摂政である私の命令を伝えよ。貧富の差を問わず、お国の婿取りの宴を見たければ来て見るがよい、と。（家来の一人が御触れを告げ知らせながら退場すると、一般民衆の老若男女がにぎやかに登場して人垣ができる）

民1　（語る）聞けば末娘のザンブー姫様は、天神が描いた絵のように美しいそうだが、どこにおられるのかな？

民2　（語る）あのテラスの上にいるよ。本当に、まるで枝の上でこれから開く花のように美しくていらっしゃる。その香りが各地の国々に届いて、蜂がこんなに集まったというわけだ。

民3　（語る）咲いたばかりの花の香りでも、姫様にはかなうまい。散る寸前の白蘭でも姫に勝ることはあるまいよ。

28　④ザンハ叙事詩では、ザンブー姫はすでに英俊なシャンムーンのうわさを聞き及んでいて、宴に参加して欲しいと願っている。

民４　（語る）たとえ羽色の美しい小鳥でも、姫様に出会ってしまったら、きっと恥ずかしくなってもと来た道を引き返すだろう。

民５　（語る）百の王国から若者達が兵を率いて嫁取りに来ているそうだよ。いったい姫様は誰のものになるのだろう。

家来　（一斉に叫ぶ）さぁ、行った行った！よその国の王子たちがやってきたぞ。

（バクザウゾアン王子が登場、贈り物の荷物を運ぶ従者がそれに続く）

バクザウゾアン王子　（歌う）私はある地域を傘のように統治している天子直系のバックザウゾアンだ。大きな荷物を持って、美しいザンブー姫を求めに歩いてやってきた。サワリ公の国宴の場に到着したら、わが名と贈り物を詳細に報告しよう。

（挨拶して語る）摂政閣下、私はバクザウゾアン王子です。たくさんの贈り物を用意して、妹君（いもうとぎみ）を迎えに参りました。

摂政サワリ　（語る）われらの宴では、贈り物は受け取らぬ。そのかわり、あなた方各地の王子には智慧や技術を存分にご披露いただきたい。その中で特に抜きんでた者が私の妹を得ることができる。それが真に有能な者と言えるのだ。

バクザウゾアン王子　（語る）それはよいお考えです。私の剣術は百ある王国の誰もが羨むもので、誰にも負けません。サワリ様、どうぞご覧ください。（剣の舞を披露する）

民１　（語る）うわぁ！いったいどんな舞なのや

ら、まったくでたらめじゃないか。

ヘンザウゴップ王子　（大きく笑いながら登場）

バクザウゾアン王子　（語る）何がおかしい、お前は誰だ？

ヘンザウゴップ王子　（サワリに合掌して一礼し、語る）私はヘンザウゴップ王子です。姫に求婚しに来ました。

摂政サワリ　（語る）あなたにもなにか腕前を見せていただこうか。

ヘンザウゴップ王子　（語る）私はこの一身に多くの智慧を宿しております。どうぞみなさん、殿方もご婦人も、じっくりご覧なさい。

バクザウゾアン王子　（語る）青蛙のアクビにしては、大きなことを言うものだ。

ヘンザウゴップ王子　（ふと頭を上げてテラスの上に立っている美しい姫を見た途端、すぐにボーっとなり、体中から汗が出て頭はクラクラ、目はチラチラする。姫の名前を呼び続けて止まらなくなる）ザンブー姫！ザンブー姫！

モンザウドイ王子　（登場してサワリに拝跪し、語る）摂政閣下にご挨拶いたします。私はモンザウドイと申し、ザンブー姫に求婚しに参りました[29]。

摂政サワリ　（語る）あなたがどんな技や智慧を持っているか、試しにお見せいただこう。

モンザウドイ王子　（語る）私の力は象三頭分に匹敵し、私の剣はひとたび抜き払うと一気に三人斬れるほどです。

バクザウゾアン、ヘンザウゴップ　（語る）大き

29　この三人の王子は②古タイ劇でも登場し、後半の戦闘場面でも活躍する。

なことを言いすぎだぞ。

モンザウドイ王子　（語る）かかってこい。試してみようじゃないか。

（三人で戦うが勝負がつかない。そのときスラーイが登場する）

スラーイ王子　（歌う）私は幸運に恵まれた神の種子の王子、ジシワディ[30]という国を治める国王の息子である。私は非常に清らかで美しい姫のところに、各地の王子が求婚しに来ているという話を耳にした。私には能力があり、技術も智謀も充分に身に着けており、力は七頭の象に匹敵する。よき王子にして天孫である私は、二十歳すぎの意気盛んな年頃で、勇気と力のある賢い男、名はスラーイという。私は太鼓や銅鑼の鳴り響く国宴の場に到着したが、すでにここは各地を統治するたくさんの王子たちでえらい賑わいだ。私も急いで摂政閣下にご挨拶し、美しいザンブー姫に求婚しに来たスラーイという者で、広い土地を支配する勇敢な王子であることをお知らせするとしよう[31]。

摂政サワリ　（語る）皆さん王子たちの力量はすでに拝見した。さて今度は若く気高い皇子であるこの私の番だ。私は一ワーほどもある巨大な石を、これから空中に投げ上げようと思う。そしてそれが落ちてくるとき、勇敢にもそれを掴んで受け止めることのできた者を、今ここで国の婿に決めることとする。

（七ソアックもある大きな石を目の当たりにして、王子たちは全員震え上がり、全身麻痺

30　サワティのこと。誤植か。

31　①ジャータカ風物語には「スラーイの前世は虎で、菩薩が変化していた牛を食べずに逃がした功徳で王子に転生した」とあり、醜い中年男として描かれている。④ザンハ叙事詩では、スラーイは前世が虎の粗暴な男で広い森を支配する王になる野心を抱いており、そのためにサワリを利用する下心があったとされる。

するありさまとなる）

バクザウゾアン王子　（語る）なに、恐れることはあるまい。閣下はただ私たちを脅しているのだろう。

ヘンザウゴップ王子　（語る）俺たちは米の飯と母親のお乳で生まれ育った普通の人間だ。サワリ皇子はひょっとして鉄でも食べて育ったのか？どうしてそんな力が出せるものか。

モンザウドイ王子　（語る）そうだよな。ちょっと様子を見ることにしよう。

（唯一勇敢なスラーイだけが立ちはだかり、大きな石が放り投げられて落ちてくるのを待ち受ける）

摂政サワリ　（歌う）私は帝に補佐役として信任された気高い若者であり、皇帝の息子、サワリ皇子だ。私は今、美しい妹のザンブー姫に求婚しに来た多くの国々の高貴な王子たちに囲まれている。私はこれから、一ワーは十分にある、まるで地面に寝そべるかのような大きくて長い石に近寄っていく。（左手で石を持ち上げて歌う）私がこの巨石をつまみあげると、宴の場全体がすっかり静まり返ってしまった。私は軽々と体をひねり、左手から右手に石を持ち変える。勇敢な皇太子である私は、多くの群衆の目の前で石を掴んで立ち、腕を動かして今まさに巨石を投げ上げる！

（サワリが石を投げ上げると、王子たちは皆頭を抱えて後ずさり、転んで逃げる。スラーイだけが勇敢にも待ち受けて、見事に石を受

け止める）

摂政サワリ　（語る）スラーイよ！あなたこそわが国の婿にふさわしい。私と同じく、七頭の象に匹敵する力を持っている。私の妹を直ちにあなたに嫁がせよう。宮殿に戻って今すぐ婚礼だ。

スラーイ王子　（大きく笑って語る）ザンブー姫は私のものだ。ハハハ！

（スラーイが喜んでいると、突然魔物[32]がやってきてザンブー姫をさらい、すぐに空へ昇って行く[33]）

スラーイ王子　（叫ぶ）魔物がザンブー姫をさらったぞ！

摂政サワリ　（語る）急いで追え！

第三幕　ザンブー姫の災難

場所：シワンダという大きな山にある魔物の洞窟の前

ザンブー姫　（洞窟の中で歌う）私は花のような色白の頬を持つ美しいザンブー姫。恐ろしい魔物の手に落ちて、優しい両親、ご恩ある父王のもとを離れてしまいました。苦しみを一身に背負った私の思いは誰にも届かず、救われることもない。おそらく私は木々の生い茂る森の中で、魔物の餌食となって息絶えてしまうのでしょう。

32　[illegible]〔phai[55]〕。「悪魔、夜叉、魔物」。

33　①ジャータカ風物語では、姫が婚約の灌頂儀式にそなえて池に沐浴しに行くが、魔物があらかじめ池に放った薬のため失神する。魔物はある少女の死体を操って失神した姫を山の洞窟へと運ばせる。

魔物　（登場して歌う）私は聞き耳の早い夜叉のウィクザ[34]だ。頭のおかしな連中の話では、俺の名前は魔物のウィクザというらしい。ガジュマルの屋根飾りを持つ山城に住む姫の話のとおり、タイ語で魔物のウィクザというのならそれもよし、俺は天から遠く離れた広大な荒野を統治し、万の棚[35]に住んで気ままな暮らしを楽しむ魔物ということにしておこう。俺もときには各地の王子や高官、国王の娘などを捕まえて食べたり、さらってきては森の中の崖の近くにある天然の悠久の広い洞窟に放り込んだりする。およそ十六皇国三千王国[36]のなかで、俺の手でこっそり捕まえられた者は数知れない。とはいえボサボサ頭の俺さまウィクザの住む広い洞窟のあとを見たいと願った者で、実際にそれを知ることのできた者は誰もいないがな。ところでさっき俺は空中をぶらぶらして各地の国々を見回っていたら、天神の生まれ変わりのような美女ザンブーを見かけたものだから、そのままさらって来ちまった。これからこっそり呪文を三回唱え、霧と雲を吹き飛ばして、美しいザンブー姫にお出まし願おう。（吹く）オンオンプイ！

ザンブー　（登場して歌う）道端の枝についたダピー花の蕾のような私、ザンブー姫は、まるでシクジャ神[37]の雷の斧に打たれたように、突然魔物にさらわれ、どことも知れない辺鄙な場所で、夜が明けたのかどうかもよく分からず、心が砕かれる思いです。あまりの恐ろしさに歩

34　ᥝᥤᥐ ᥓᥣ〔vik^{53} tsa^{53}〕。魔物の固有名。ガンタウィクザ国の「ウィクザ」とは異なる発音で無関係。

35　意味不明。誤植か。

36　世界中の大小さまざまな国の数々を象徴的に言う表現。

37　ᥔᥤᥐ ᥓᥣ〔sik^{53} tsa^{55}〕。タイ、ビルマでインドラ神のこと。漢語では帝釈天。

く足は痺れ、体は痛み、全身がだるくてなりません。頭を上げて遠くを眺めると、いつのまにか森林と岩山の中に来ていて、ただただ呆然としています。ああ、居ても立ってもいられないような悲しみよ、これから開こうとするスイレンの蕾が池の上でまだ眠っているような美しい姫（わたし）が、なぜ悪鬼に捕らわれて黒い森に連れ込まれるという災難に見舞われねばならないのでしょう。悲しみに痛む身体よ、お前の生死はひとまずおいて、この苦しみに満ちた身の髪や形を整えて、魔物の話を聞いてみましょう。

魔物　（歌う）この俺様は恐ろしい魔物、美しいザンブー姫をさらってきた。悪い夜叉の俺が、姫を食べてしまうのは簡単だ。それにしても見れば見るほど、まるで美しい花が咲き誇り、匂い立つようで、この魔物の心もトロかされ、どうしても食べる気になれない。なんと美しく長く香る黒髪が地面にまで下がり、散り乱れていることか。その影はまるで陽光がまとわりつくようで、長さは四ソアックもあり、かかとや膝の裏のあたりにふんわりと落ちている。見ろ、きれいに並んだ歯はまるで玉（ぎょく）や宝石で縁取りをしたかのようだ。年の頃はまだ十代、きらきら光る玉（ぎょく）の指輪は両手にとても似合っている。（続けて語る）ザンブー姫よ、お前がそんな透けるような白い肌をしているから、俺はここまで近寄っただけでもよだれが出てしまった。もしこの女を食べて死なせてしまったらそれっきりだが、妻にして共に暮らし、男の子でも生まれたらきっととてもかわいいに違いない。ハハハ、そうだ、そうしよう。(続けて歌う) 俺はゆっくり、我慢強く相手をしなきゃ。オリヅルランの幹におりた露が風に吹かれて揺れているようなこの娘を、同じ星のもとに並び立つ妻として、共にこの森を支配していきたい。茅のように美しく、玉(ぎょく)のように白い顔のザンブー姫、美しい姫よ、どうか俺の言うことを聞き入れて欲しい。美しい目を潤ませた恋しい姫に、この俺さまの話を聞かせよう[38]。

38 ①ジャータカ風物語では、魔物は美男の皇子に化けて言い寄るが姫に見破られる。本性を表わして姫を襲おうとすると、姫の周りに聖なる火の結界ができて手が出せない。

(ザンブー姫に近寄って語る) ザンブー姫よ、お前にハッキリ告げよう。十六皇国三千王国の姫や妃なら、俺はすでに何人も獲って食ったことがある。しかしお前のように美しいのはめったにいない。今お前が俺の妻になりさえすれば、俺はお前を食べなくてもいいぞ。

ザンブー姫 (語る) プィッ!プィッ[39]!まるで金の鳥とカラスだわ。どうして似合いの夫婦になれましょうか。こっちへ来て話さないで。プィッ!プィッ!

39 「シッ!シッ!」追い払うときの声。

魔物 (語る) 姫さんよ、あんたはうんと言いさえすればいいんだよ。そうしたら、この大きな険しいシワンダ山は、俺たち二人のものだ。この山全体を二人で支配するんだ。あんたが俺を天上に遣わして光り輝く月と太陽を取って来いと言うなら、俺はその言葉に逆らわず、確かに取って来てみせるぞ。さぁ、色よい返事をしてくれよ。

ザンブー姫 (魔物の顔を平手打ちして歌う) さ

て、大胆な魔物だこと、歯茎と牙を剥きだしたりして。共に暮らすには天地ほども違いがあるというのに、どうして愛情を交わすことができましょうか。恥知らずな顔をして。私はまるで仏前にお供えされた一本の花、お前のように凶暴で野蛮な鬼は、ただ毎日腰をかがめて叩頭し、祈っていればよいのです。差があるにもほどがある。お前は野蛮な鬼、私は柔肌（やわはだ）の人間の王女、それが寝床を共にするなんて、どうして許されるでしょう。たとえ五百回生まれ変わって、天と地がひっくり返っても、そして何百甕分の聖水を瓶で注いでも[40]、どうして釣り合いがとれましょうか。この私の決心の堅さは、どこかの高い岩山の中にあるという天を支える柱のよう。魔物と一緒に暮らし、野山の床で愛情を交わすなんて、私にはまったくありえないこと。

魔物　（歌う）天から舞い降りたような佳人がきれいな声で俺をひどく罵っているが、俺も天下の醜い夜叉だ。もう一度穏やかに話してみよう。美しい宝石のように高価で心優しい人よ、どうか怒らないでくれ。前世ですでに何代にもわたって聖なる仏塔を積み上げてきたのだから、運命が俺たちをふさわしい相手にしてくれるさ。ただ、あんたが俺のこのギッシリ並んだ歯が怖くてその気になれないというのなら、俺は色白で餅膚（もちはだ）の天子さまの姿に化けてもいいんだぜ。若くて豊満な姫さんよ、森の夜叉であるこの俺を受け入れてくれよ。そうしたら俺たち

40　聖水を地に注ぐ儀式は功徳を積んだことを確認する意味があり、そこから転じて前世で功徳を積めば積むほど来世の良縁が定まると考えられている。

二人は誰にも邪魔されることなく、安心して自由に愉快に愛し合えるんだ。

ザンブー姫　（歌う）魔物よ、気でも狂ったの？たとえお前が素敵な殿方の姿に化けることができたとしても、人を食べるような残忍で腹黒い心根を忘れられるわけがないでしょう？もう変なことを考えないで。この私と肩を並べ、共に幸せになろうなどというのは、お前の単なる夢にすぎない。お前が無駄な考えをめぐらせているあいだに、そのまま魔物としての寿命が尽きたとしてもかまいはしない。私は同意いたしません。

魔物　（歌う）光を放つ宝石のような姫よ、お前が怒ろうが怒るまいが、この魔物の手の内から抜け出すことはできないぞ。地面に垂れさがり、馥郁と香るセンジュギクのような姫よ、「はい」と言えよ。素芹（せり）[41]のように香る姫よ、お前の黒く美しい二つの瞳（め）や、丸みのある柳腰の姿、巻き上げた髪など、俺には見れば見るほど可愛くてならない。唇の赤く美しいこと、このよそ者の姫の両頬の、赤くつやつやとして顔料を塗ったように美しいこと…。俺は本当に一心に、この美しい瞳（め）をした姫が好きだ。願わくは一対の夫婦となり、同じ種子のように一緒になりたい。（続けて語る）ザンブー姫よ、あんたは俺を受け入れさえすればいいんだ。そしたら俺はもう人を食べるのをやめるよ。

ザンブー姫　（語る）シッ！シッ！夜叉と人はどうしたって一緒にはなれません。

41　セリ科の植物。キンサイ。

魔物　（歌う）代々受け継がれてきた玉よ、たとえお前が二、三回ひどく唾を吐いたって、結局は天が差配したようにしかならないぜ。この優しくて、寛容で、めげない俺さまが、恋人に忠告しに来たのだよ。（続けて語る）姫さんよ、俺はもう二度も三度もあんたを説得しているのに、どうしても「うん」と言わないんだな。もはやあんたには道は二つしかない。一つは俺の言うとおりにすることだ。そうしたら心が休まるぜ。もし承諾しないんなら、俺はお前を食べてしまうぞ。

ザンブー姫　（歌う）凶暴な魔物よ、食べると言うなら早く口を開けなさい。殺すと言うなら、薄く尖った刀を急いで持って来て、首を斬ればよい。私に野山の魔物と一緒になることを同意させるつもりらしいけど、お前が月を東に沈ませ、太陽を南から輝きながら昇らせたとしても、私は「うん」とは言いません。

魔物　（叫ぶ）アーット、アーット[42]！（堅い鞭を振りかぶって再び話す）「うん」と言うか、言わないか？

ザンブー姫　（語る）いやです。

魔物　（藤の鞭を姫の体に当ててふたたび語る）否か、応か？

ザンブー姫　（語る）イヤ。

魔物　（語る）うんと言わないなら、お前を全部食べてしまうぞ。五臓六腑から骨の髄まで一つ残らずだ。否か、応か？

ザンブー姫　（語る）死んでもイヤです。

42　怒りの雄叫び。

魔物　（姫を洞窟へ押し込め、石で入り口を塞いで歌う）今、この粗暴な魔物である俺さまは、ザンブー姫を神の作った天然の洞窟へ押し込めた。硬い石をひとつひとつユックリと持ってきて、風も通らないほどシッカリ、すべて塞いでしまおう。今日はこれからワサワロの偉大な魔王のところへ行き、七日間待つとしよう。それでだめなら石の洞窟に歩み寄り、美しい玉（ぎょく）のようなザンブー姫を食べて片付けてしまおう[43]。（大笑する）

43　④ザンハ叙事詩では姫が天神に祈ると白象の夢を見、助かる予感を抱く一節がある。②古タイ劇でも姫は金色の牙をもつ白象の夢を見て希望を持つ。

第四幕　魔物の穴から難を逃れる

場所　シワンダ山の魔物の洞窟の前

（シャンムーンと二人の家来が登場）

シャンムーン　（歌う）私は生粋の貴公子であり、将来の天子であり、光り輝く若い主君だ。今、故郷の両親の家からいとまを乞い、深い森の中までやってきた。家来を従え、玉弓と宝剣をこの身に帯びている。今、私の心は、目の詰まった籠から飛び立ったばかりの金のオウムのように喜びでいっぱいだ。あちこちの森や林を、見れば見るほど好きになる。花は香り、蕾は開き、風がその香りを運んでいく。（歩きながら歌う）道を歩いていると、風がザムバイの花や芽吹いた柳の木に吹きあたる。パクソアットの花が咲いて木に満ちているのもますます好ましい。野生の森にはいろんな草花がそろってい て、それがいかに私たちを楽しませてくれるこ とか。私たちは香(かおり)の淵に立ち止まり、幹に寄り かかって飽かず眺めずにはいられない。シクン シの花、緑の藤、素芹(せり)の花が風に揺れる様を。 黄色に赤、まさに百花繚乱。いろんな果物もズ ラリと並んでいる。薄い葉の生い茂った藤、甘 いマンゴー、金の波羅密(ジャックフルーツ)は、木の幹の上ですで に熟している。同じように、スモモなど野生の 森の果実も、酸っぱい果実と並んで熟れてい る。野生のバナナは木の上で、もうそろそろ食 べ頃だ[44]。

家来1　（歌う）小動物もたくさんいます。リス はあちこち飛び回り、尻尾を膨らませて木につ かまっています。葉の生い茂る枝の上を遠くま で跳びまわり、幹のてっぺんにしがみつき、時 には山の窪地に落ちていくようなものもいて、 見ていて飽きません。

家来2　（歌う）赤い脚のトーシャン鳥もみな、 枝にとまって私たちといっしょににぎやかに歌 っています。ジージーゾーゾーと、まるでたく さんの動物がいろんな声で、私たちに合わせて 楽しく歌っているようです。

シャンムーン　（歌う）あちこちで花や果物が樹 上に満ちている。たくさんの波羅密が枝を柔ら かくたわませているのを見飽きることはない。 なんと不思議なことだろう。こんなにたくさん の食べ物を、人間界の森林や岩山や大地、そし て美しい水が育み続けて、多くの果物を実らせ

44　①ジャータカ風物語ではシャンムーンが道中色に迷った修行者を見かけて失望する挿話と、真面目な修行者に出会って法術を授かる挿話がある。②古タイ劇では堕落した修行僧に失望する件(くだり)のみがあり、真面目な修行者は出てこない。④ザンハ叙事詩ではシャンムーンが金の鹿に変化(へんげ)して旅をする。

たなんて。平原のあらゆる場所に風がそよぎ渡り、たくさんの大きな木の葉が揺れると、どうしてこんなにもうれしいのだろう。この天(あめ)の下の世界はどこもかしこも活気に満ちていて、山々の連なりの間に見える盆地は、かぎりなく美しい。私たち主従は笑みをたたえて楽しく歩いてきた。共に連れ立って、一つの道を歩きに歩き、さらにまた歩いてきた。（続いて語る）二人の勇士よ、行こう！

家来二人　（語る）ははっ！

（三人は一緒に退場し、二人の家来だけが再び登場する）

家来１　（語る）一つ山を越えたと思ったらまた次の山があり、いくら越えてもきりがない。

家来２　（語る）川だってもう何本も渡ってきた。

家来１　（語る）お前、山の上を見てみろよ。

家来２　（語る）ただ雲に遮られて朦朧としているだけじゃないか。

家来１　（語る）行く手は大きな険しい岩山だ。

家来２　（語る）雑草も生い茂って、俺たちの行く手を阻んでいる。

家来１　（語る）シャンムーン皇子にご報告申し上げよう。

家来２　（語る）これからどうやって先へ行けばいいのやら。

家来１　（語る）まったくだ。

（道を引き返そうとしたところ、歩いてやって来るシャンムーン皇子を見かける）

シャンムーン　（歌う）私たちは遠い山や深い森

にたどり着いては、いくつもそれを通り過ぎてきた。毎日毎日歩き続け、すっかり疲れ切ってしまった。主従は少しずつ歩き、一緒に休んでは道端に座り込んで果物を食べた。すでに喜びの心は静まって、天然の林のなかをずっと一緒に歩いている。時にはまるで太陽に届きそうなほど高い山の尾根の林に分け入り、時にはまるでナーガ[45]の住処のような山の谷間にも下りた。ご覧、石の崖に囲まれた深い川岸のような谷を。私たちはいかに疲れようとも、再び急いで歩き出すのだ。（続けて語る）二人の勇士よ、なぜまた止まったのか？

家来二人　（語る）前方には山間（やまあい）に谷が迫り、歩いて行けるような道はありません。

シャンムーン（語る）天下の道はどこにでも通じているというではないか。もう一度行って見てきてくれないか。

家来二人　（語る）ははっ！

（ずっと道を探していると、小鳥が集まってきて歌う）

家来１　（語る）おい兄弟、顔に模様のあるあの小さい二羽の画眉鳥を見ろ。俺たちが山に入った時から、ずっと二羽一緒に鳴いている。まるで「この道を行け、この道を行け」と言っているみたいだ。

家来２　（語る）俺も見た。それほどきちんとは聞いていなかったが。それではすぐにシャンムーン皇子にご報告するのがいいだろう。

家来１　（語る）シャンムーン皇子に申し上げま

45　ᥘᥣᥐ ᥐᥣᥐ〔lak^{53} ka^{55}〕。インド土着のヘビ信仰から生まれた蛇神。仏教に取り入れられると護法神の竜王となった。

す。道は本当に見つかりません。どこもみな大きな岩や崖の山です。ただ、小さな画眉鳥がずっと鳴きやまないのですが、まるで私たちに進むべき道を告げているようなのです[46]。

シャンムーン　（語る）小鳥がまるで道を告げているようだって？とにかく一緒に行ってみよう。（三人で峡谷を上り、続けて語る）二人の勇士よ、よく聞いてごらん。誰か泣いているような声がする。

家来二人　（聞きつけて語る）確かに、女性の泣き声のようです。

（三人は一緒によく耳を澄ます。下を見ると洞窟の前に人骨がうず高く積まれており、洞窟の中の声はまだ泣き止まない）

シャンムーン　（語る）二人の勇士よ、お前たち、急いで行って洞窟の扉を開けてみてくれ[47]。

家来二人　（声をそろえて）ははっ！（洞窟の扉を一生懸命開けようとするが、ビクともしない。語る）シャンムーン皇子、石が大きすぎて開けられません。

シャンムーン　（語る）二人とも遠くに離れなさい。私が弓で射るから。

（玉弓をつがえて射ると洞窟の扉が砕け散り、ザンブー姫がこけつ転びつ出てくる。シャンムーンが助け起こすと、魔物が飛び出してくる）

魔物　（語る）俺は一人しか攫(さら)って来なかったのに、2、3人も付いて来るとはな。俺の胃が張り裂けるまで食わせてやろうということか。

46　①ジャータカ風物語では二羽の鵬が魔物に捕らわれた姫の話をしているのをシャンムーンが聞きつけ、②古タイ劇では鴛鴦に変身した仙官仙女から、④ザンハ叙事詩では神秘的な鳥の夫婦から、同様の話を聞きつける。「鵬」や「鴛鴦」などの漢語訳が正確かどうかは一考を要する。

47　④ザンハ叙事詩では、シャンムーンがザンブー姫に話しかけるが、姫はそれを人間に化けた魔物と勘違いして邪険にする一節がある。①ジャータカ風物語にも同様の一節があり、ザンブー姫がインドラ神に祈りをささげて呪文を唱え、魔物が化けたのではないことを確かめる。

家来二人　（語る）シャンムーン皇子、あなた様は姫を連れてすぐに逃げて下さい。私たちが二人で防ぎます。

（シャンムーン皇子はザンブー姫を伴って退場、家来たちと魔物が闘う）

魔物　（呪文を唱える）オンオンプイ！

（魔物が覇王鞭[48]を取り出して家来たちを打つと、二人はあっという間に死んでしまう。シャンムーンが走って再び登場）

魔物　（語る）お前はどこのどいつだ？

シャンムーン　（歌う）私は玉璽を持つ天子の治めるガンタウィクザ国の者で、貴族のシャンムーンと言う。お前は人か魔物か知らないが、どうして山に住んで悪事を働くのだ？

魔物　（歌う）俺はこの森に住む凶暴な魔物で、貴族を食べるのが好きなんだ。お前こそ恐れも知らずこんなところをぶらぶらして、どういう料簡だ。（続いて語る）この覇王鞭をくらえ。

（魔物が覇王鞭で打ちかかるので、シャンムーンは宝剣を抜いて応戦し、二人で闘う）

魔物　（呪文を唱える）オンオンプイ！

（魔物が放った刃物が飛んで来るが、シャンムーンは防いでたたき折る）

魔物　（唱える）オンオンプイ！

（魔物は再び刃物を投げるが、シャンムーンはすべてたたき折る）

魔物　（叫ぶ）アーット、アーット！

（シャンムーンが宝剣で魔物に斬りかかると、魔物は転び、オホ[49]に変化して飛び去

48　中国の民間舞踊で使う短めの棒。

49　空を飛ぶ魔物のことか。詳細不明。

る。シャンムーンが玉弓で魔物を射ると、落ちて来て死ぬ[50]。シャンムーンは一旦退場し、姫を伴って登場する）

ザンブー姫　（語る）あなたは人なの？魔物なの？

シャンムーン　（語る）私はガンタウィクザ国の皇子で、シャンムーンと言います。野生の森を遍歴してここまで来ました。姫、あなたはどこから来たのですか？

ザンブー姫　（語る）私はガンボーザ国の皇帝の娘で、名はザンブーと申します。大きな魔物に捕まって洞窟に連れこまれ、幽閉されていたのです。皇子が来てくれたお陰で助かりました。（お辞儀をする）

シャンムーン　（語る）そんなことはいいんです、姫。（姫を助け起こして語る）とても驚いたことでしょう。あなたを送って差し上げましょう。（二人一緒に歩いて退場）

第五幕　帰郷

場所：山中の森

（数人が幕の中で鸚鵡調の歌を合唱する）悪事を働く魔物は、正直な人に打ち勝つことはできません。悪いことをし続けて、結局悲惨な死を遂げてしまいました。シャンムーンは美しい女性と出会えたからこそ、森の悪い魔物に打ち勝

50　①ジャータカ風物語では、シャンムーンが以前苦行僧からならった武芸を駆使し、ザンブー姫の助けも得て魔物を倒す。

つことができたのです。香り立つような美女であるザンブー姫の災難と悲しみは、今やこうして終わりました。

（シャンムーン皇子とザンブー姫が登場する）

ザンブー姫　（語る）シャンムーン皇子、見てください。山中の花々が馥郁と香っています。何千何万という草花が、私たちの間で揺れています。この花を摘んで、あなたに贈りましょう。毎日一緒にいられるように。

シャンムーン　（花を受け取る。二人とも恥ずかしがる。語る）ありがとう、姫。（続けて歌う）今私は、姫の気持ちとして一束の花を受け取りました。しかしその香りは姫とは比べ物になりません。バンドーの花よ、おまえも良い香りを漂わせて人を魅了するが、この高価な金剛石のように美しいザンブー姫にはかなわない。ほどいた髪、真紅の唇、丸い両頬。佳人の背格好としても、痩せすぎず太りすぎず、高すぎず低すぎず、まるで地上に降りて池で水浴びをするというシクジャ神の娘のように美しい。

ほら見て。伏し目がちな黒くて美しい両目、滑らかな頭髪、首も顔も色白で、頬には笑窪もある。輝く池のなかで水浴びしてはしゃぐ姫は、ほのかに赤みを帯びて白く輝く神々しいマハリジ[51]の姿のように美しい。高貴な君主の姫が頭髪を下した姿は美しく、両目はキラキラ瞬いている。これから人界を旅すれば、多くの地方を訪れることになるが、ザンブー姫のように美しい人に巡り合うことはもう二度とあるまい。

51　ᥛᥣ ᥞᥣᥱ ᥘᥤᥱ ᥓᥤᥱ〔ma^{33} ha^{11} li^{11} tsi^{11}〕インド系の女神の名前ではないかと思われるが、詳細は不明。

もしも私たちがそろってわが国の王宮に帰り、仲睦まじい姿を見せられたら、どんなにか嬉しいことだろう。両親ばかりか、家来たちも国の民も、老いも若きも、みなきっと喜んでくれるに違いない。ご覧、彼女の端正な顔を。優しくて善良で、まるでこれから開こうとするバンバオの花のようだ。もし二人そろって皇宮に行くことができたら、きっと幸せになり、心安らぐことだろう。

ザンブー姫 （恥ずかしがりながらシャンムーンに歩み寄り、語る）シャンムーン皇子、私はまるで女妖怪のように醜いのに、あなたはなぜそんなに褒めてくださるの？むしろあなたこそ、いろんな力をお持ちと聞いています。今実際にお目にかかっても、あなたは有能で、高貴で、それに…。（恥ずかしがって顔をそむけて歩く）

シャンムーン （語る）姫、どうして私があなたと比肩できるでしょう。ザングー花の香りがどうして姫の美しさに勝てましょう。たとえいろんな花々を持ってきたとしても、いったいどうして姫と比べものになりましょうか。

ザンブー姫 （語る）私にあなたの弓を持たせてください。

シャンムーン （語る）あなたには持てませんよ。私が持ちましょう。

ザンブー姫 （語る）まさか、私のことが信用できないの？

シャンムーン （語る）私はもうすっかりあなたに心を許していますとも。

ザンブー姫　（弓を受け取って語る）あなたのこの弓は、私がどんなに頑張ってもまったく引くことができません。どうしてあなたはいくらも力を出さずに簡単に引けるのですか？

シャンムーン　（語る）それは先祖代々受け継いできた宝剣と玉弓です。私たちがガンタウィクザ国で大きな宴を開いたとき、誰一人、少しも動かすことができませんでしたが、私だけこの弓を引くことが出来たのです。

ザンブー姫　（語る）なるほど、だから私を救うことができたのですね。（弓を持ち、続いて歌う）幸多き若い皇子よ、あなたは私を救いだし、命を助けてくれました。でも地上に降りた神のような、輝く玉のような皇子様は、これからどこへいらっしゃるのでしょうか。

シャンムーン　（歌う）宝石のように美しいザンブー姫よ、私は恩ある両親にいとま乞いをしたのち、茂った枝葉が重なり合う山間（やまあい）の森林（もり）の中をずっと遍歴していました。もっといろんな知識を増やし、技術を習得し、同時にいろんな所へ行って、一人の女性とめぐり合いたいと思っていたのです。

ザンブー姫　（歌う）シャンムーン皇子、それなら私たち二人連れだって、私の故郷に行きましょう。居心地がいいかどうかはともかく、天子が政（まつりごと）をしている一つの国ですから、ちょっと見物してみて下さい。聞くところによれば、私たちのガンボーザ国というのは、タイ族の住むとても広い国だそうですが、仮に狭い場所だったとしても、天の神が下りて来てその種を伝え、役人が統治している一つの地方なのです。もしあなたが私の故郷に行かれるのなら、私はきっと大切な命の恩人であるあなたのご恩に報いずにはいないでしょう。

シャンムーン　（歌う）今、美しい髪をなびかせているあなたから、耳に快い話を聞きました。それなら、私達二人は一緒にあなたの国を一度訪れてみるのも良いでしょう。（歩きながら歌う）今、皇子（わたし）と姫は二人、連れ立って、道を歩いていく。美しいザンブー姫が、弓矢などすべての武器を持っていく[52]。

ザンブー姫　（続いて歌う）道を歩き、山を越え、疲れも知らず、心楽しいままにここまでやってきました。

シャンムーン　（歌う）花々のよく香ることよ。山の上で花開くバンギンの花に、虫が思いを寄せています。今、宮殿の中では、誰かがその主（あるじ）として国を統治しているのでしょうね。私が美しいあなたを救い、災いから遠ざけて差し上げましたが、私はまだ、白玉（はくぎょく）のように美しい美女（あなた）が、いったいどうして魔物の国に来て住むことになったのか、その理由を知りません。

ザンブー姫　（歌う）今私は、オリヅルランの枝のようなあなたの言葉を耳にしました。あなたは私に問いかけています。膨らみ始めたまだ若い蕾のような私は、以前のことを思い出して、必ずやあなたにお答えしましょう[53]。頼りになる人よ、私ザンブーの暮らす輝く天の宮殿につ

52　①ジャータカ風物語では神秘的な森を通り、女性の姿そっくりの花や、飲めばさまざまな動物に変化する水を湛えた井戸や、美しい雪景色などを楽しみながら快適な旅をした後、神靴を履いて一気に姫の故郷へ飛ぶ。②古タイ劇では二人はすぐに森を抜け、異国の町中で漢族の地域にもビルマ人の地域にもタイ族の地域にも行くという行商人に出会う。行商人の言うとおりにタイ族地域、さらにはガンタウィクザ国へ向かう道を行くと、二人は七日ほどで花園に着く。④ザンハ叙事詩では一月かけて森林を通り抜け、ガンボーザ国へ向かう。

53　①ジャータカ風物語ではザンブー姫がここではスラーイとの婚約のことを打ち明けない。

いて言うと、そこには私を生んでくださった大恩ある両親がおります。そしてまた、摂政という輝かしい名声をもつ、サワリという兄がいて、その末の妹が髪を美しく巻き上げているこの私、ザンブーです。各地の小国の王子たちが私の夫に選ばれようと、大挙してやってきたとき、その誰もが多くの兵馬を集め、大軍を率いて来て、宮殿を取り囲みました。私の両親は、そのなかの誰も、私の婿として選ぶことができませんでした。彼らがお互いに恨みあい、嫉妬で逆恨みして、武器で殺し合うのを恐れたのです。父母は窮地に立って、物事の始末をどうにもつけられなくなったので、摂政である兄に、決着を付けさせることにしました。国の宴を催す会場に兄が堂々とやってくると、各地の王子たちがそこへなだれ込んできました。その時、兄は一ワーほどもある大きな石を抱えて、宴のために集まっている群衆の中へ投げ込もうとしました。誰であれ、大力でこの大石を受け止められた者に、この若くて豊満な美女を与えようというのです。その時、どこかの国王の摂政をしているスラーイという男が飛び出してきて、すぐに大石をつかんで止めました。私の立派な兄であるサワリは、髪を結い上げた宝石のようなこの私を、スラーイに嫁がせることにしました。私は、スラーイに嫁がねばならないと思うと、心の中では本当に悲しかったのですが、兄の言葉に逆らうようなことはなにもできないのです。たとえ断ったとしても、相手は軍隊を連れてきているのですから、家来たちが私のために戦って死に、国が破壊されるのだと思うと耐えられません。
まさに私が憔悴して、心の中で泣きそうになっていたとき、急に緑の強烈な光が差し、魔物が私を攫い、魔物の国の洞窟へと連れ去ったのです。そのとき各地を遍歴していた善良なあなたが魔物の国にやってきて、私を救いだし、災いから遠ざけてくださったのは、きっと前世からめぐりあって共に愛し合うようになる定めだったのでしょう。

シャンムーン （歌う）私は一人の姫が頬を赤らめながら語る言葉をすべて聞いて、いまは内心すっかり驚いています。この高貴な皇子である私は、残念に思うのです。理想の姫よ、私は、あなたはゴアン国[54]のまだ加工されていない宝石のように美しい緑の玉だと思っていたのに、実は他人の手ですでにこの純粋な宝石が割り裂かれ、汚されていたとは。いとしい人よ、あなたは光り輝く玉で、まさにたくさん原石の入ったザルの取っ手を人が掴んで篩い分けるところだと、私は思っていたのに、実はすでに首飾りになって、金の腕輪や指輪といっしょに、すでに他人が買って使っていたのですね。ルーレー花の香りよ、あなたはみずみずしい黄色いポワン花で、将に人が摘もうとしているところだと、私は思っていたのに、実はすでに指輪になっていて、他の人に気に入られ、既にその掌中に落ちていたのですね。宝石のような人

54　古い地名か。ビルマ、シャン州にはエメラルドの産地が多い。

よ、その価値にふさわしく、既に売られていたのに、今また持ってきたばかりの商品を装って、この善良なシャンムーンをそそのかし、あなたのために損をさせようというのですね。輝く玉よ、あなたは輝くホウセンカのように清らかな姫で、本当に独身なのだと私は思っていたのに、実際はすでに甘く熟れた果実になっていて、人が幾重にも四方から囲いで囲って近づけないようにしていたのですね。

隠れた絹糸の端よ、私はずっと前から、間違って人妻に出会って女犯するようなことはしたことがないのだから、今姫をその父母と夫のところに送り届けたからといって、私を非難しないでください。レーヤーン花の香りよ、私はすぐに一人踵を返し、あなたから離れて元来た道を戻ります。どうぞ、行ってください。信頼も愛情も運命も時間も幸せも、うつろいやすいものだ。あなたと別れることになって、本当にもう後悔しています。

心優しい姫よ、あなたの住むべき世界に帰りなさい。どこか他所の王子が、あなたを迎えに来るでしょう。ゲットウの枝に咲く花のように美しい人よ、この私を恨んだり、非難したりしないでおくれ。美しく丸い目をした美女よ、名声を汚すような嘘を広めることのないようにしてください。

ザンブー姫　（歌う）私は今、シャンムーン皇子がおっしゃったことを聞き、十分に理解しました。それはすでに、この私の心に重くのしかかっています。まるで故郷の山に埋葬されたような心地です。今や悲しみが私の中に満ち、棘のある草花を身にまとったような気持ちです。心の中に咲く蓮の葉も幹も、まるで強い風に吹きさらされたよう。私は今、そんなふうに私のことを思っておられるあなたに、ゆっくりきちんとお答えします。

私への思いを語ったあなたよ、あなたはなぜ一本の枝の花のように美しい私のことを、そのように決めつけるのですか。大事なのは、幸運にも私がまだ死んでおらず、この世に生きていたから、出会うことができたということです。運の良い皇子よ、私は本当にまだ結婚していません。誰かの妻になったことなどまったくないのです。私は本当に独身（ひとりみ）で、一滴一滴まで純粋な泉の水のように清らかなままで、あなたの掌中（しょうちゅう）にあるのです。善良な人よ、私は本当にまだ誰かに見初（みそ）められたことはなく、相愛の印（しるし）の指輪を身に付けたことはありません。私は本当にまだ、いつも一人寝しているのです。

宮殿にいるときもいつも一人で、誰とも遊んではいません。善良な皇子よ、私の父は本当にまだ誰にも私を嫁がせてはいないのです。私はただ、想いのままに、一人の恋人としてあなたを信じ、望んでいるだけ。純粋な宝石のようなあなた、どうかよく考えてください。

私を捨ててもと来た道を引き返そうなんて思わないで。たとえ十年、さらには二十年、ついには何万世代も隔たって国が滅びようとも、私はただあなたと一緒にいることを望んでいるだけ。善良な皇子よ、私はまるで盆地の仙人の庭に咲くムーレー花やパーハム花の、薄い葉で覆われた枝のように清らかなのです。まさに、この世で会うことのできた年若い高貴な皇子にふさわしい銀細工なのです。

命の恩人である皇子さま、あなたは前世で共に聖水の瓶を傾けた縁あるお方、私を娶（めと）られるべき方です。たとえ一千世代でも一万世代でも、あなたは私を愛し、遠く離れることはないのです。ご恩のある皇子さま、たとえあなたがどの国に行こうとも、この私は一緒についてまいります。中指から親指にかけての長さほども、肘の長さほども、私はあなたと離れたくありません。花のように笑って、目と顔を合わせて、肩を抱き合い、一緒にいたいのです。前途ある人よ、私の心はあなたと別れたくない。よそへ行って他の人を愛するのもいや。皇子、天上の二十界に住む神々が私を送り込み、それが幸運にも皇子さまに巡り会ったのです。あなたは私を苦しみから救いだし、慰めてくれました。たとえあなたが私をどこかへ売り払ったとしても恨みはしません。私の心はどこまでもあなたについていきます。私はあなたに大きな声で口答えするようなことはありません。だから皇子さま、どうか私を娶ってください。

シャンムーン　（独り言を言う）おお、彼女は本当に美しい宝石のように清らかな人だったのだ。それなら私は…。

（両手の人差し指を平行にして愛情を表し、振り向いて姫に向かって歌う）神のお作りになった姫よ、美しい髪の姫は苦しみから逃れて、何代もかけて積み上げた功徳と祈りのおかげで善果を得るのです。花の枝よ、私はさっき非難めいたことをたくさん口にしてしまいましたが、私の姫よ、どうか大目に見て、咎めないでください。今さっきあなたに言ったことは、まるで風に吹かれた白い雪のようになくなってしまいました。どうか俯いて怒らないでください。やはり以前のように心を一つにして愛情を育てていくのがよいのです。

ザンブー姫　（歌う）今あなたが丁寧にお話になった言葉を聞いて、私はすでにとても嬉しくなりました。あなたのパー花のような私ザンブーは、まるで心にバーンの花が咲いたよう。遠国の皇子よ、あなたの言葉はとても重かったけれど、私の心の中に長くとどまって張り付き、痛みを起こすようなことはありません。これから喜びへと向かう愛よ、あなたに対してどんな疑いをかけることもありません。私はただあなたの心だけを大事にします。身も心も、私の持っている一切をもってあなたに嫁(とつ)ぎ、お任せします。

シャンムーン　（歌う）深い愛よ、たとえ水が干上がり、石が腐るとしても、私たちの愛情と交錯した縁は腐らない。この人間界で、その香(かおり)は極点に達し、この天下(あめのした)で、何千代何万代を経た岩石(いわ)のように、欠けることはない。深い香りよ、彼女の黒くて美しい両目は、何万日見続けても見飽きない。たとえこれから天地が裂けて天変地異が起こっても、私たちの親密な愛情がどうして忘れられようか。尊い金のようにすばらしいあなた、私が森林で出会ったその金剛石のような輝きが穢れないように、私たちの愛情に何万回も強く撚りをかけましょう。まるで池を泳ぐ鴛鴦たちが首と胸を重ね合わせるように。艶やかに輝く瞳よ、今や私達は、すでに大森林へとやってきました。美しい姫が住んでいた、鏡をちりばめた首都にある、鈴で飾られた宮殿へと急いで行きましょう。

ザンブー姫　（山歌[55]を歌う）風に揺れる若穂よ、皇子と姫が共に手を携えて道を行きます。縄を編むように、共に愛情を綯い合わせて行きましょう。

シャンムーン　（山歌を歌う）森の中の多くの花々が微笑みかけるのを見ると、好きにならずにいられない。本当にワクワクする。鳥たちの素晴らしい声と上手な歌もただ甘く、耳に心地よい。私もこれから一緒に愛情を積み重ねていこう。

ザンブー姫　（山歌を歌う）まるで愛情を交わす皇子と姫のように、草木の根と枝が絡んでいます。本当に固く愛し合っているのです。（続いて劇調歌を歌う）皇子と姫は、藤蔓と象豆が絡み合う道を歩けば歩くほど楽しくなります。野生のサルが山を跳ねまわり、谷で落ち合い、枝を掴み、並んでぶら下がっているのを見るのは

55　ᥑᥣᥛᥰ ᥛᥣᥐᥱ〔xam^{55} mak^{11}〕農山村の民謡や労働歌の節回し。

とても楽しく、好ましく思わずにはいられません。

シャンムーン （歌う）今、二人は一緒に茂った森や深い淵を越えて、天然の森の中をかき分けながら苦労して歩いています。いったいどこに行こうとしているのか、いつ着くのか分からなくて不安です。ルーレー花の香りを嗅いで虫が集まっています。まさに国境にやってきました。

ザンブー姫 （歌う）私たち二人は、美しい大きな盆地の中の村や町を、ついに見ることができました。明日は私の懐かしい宮殿に到着できることでしょう。

シャンムーン （語る）おお、姫よ、それなら急いで行きましょう。

ザンブー姫 （歌う）天上で輝く太陽が傾いているのを見てください。山の下に落ちて、暗くなろうとしています。私たちは、故郷へはほとんど着いたようなものだから、休みましょう。丸い葉が覆いかぶさるガジュマルの林のなかで、疲れた私たちは寝てしまいましょう。こんなことをひそひそと皇子さまに話すなんて、本当に恥ずかしいこと。ごめんなさい。

シャンムーン （歌う）心優しく金のように美しい人よ、あなたの言葉はもっともです。私達はここまでもう一緒に来たのだから、山の中で休み、一晩楽しく過ごしましょう。

第六幕　シャンムーンの苦難

場所：ガンボーザ国の花園

ザンブー姫　（幕内で歌う）シャンムーン皇子よ、私達二人は葉の生い茂る森の木々の下で夜、ただ共に眠っただけですが、二人の愛情を重ね合わせ、ますますお慕いする心がつのり、その何気ない一切を嬉しく思いました。山の中で木の葉を布団として向き合って眠っただけでも、宮殿で綿の敷布団と絹の掛布団にくるまって寝るより、ずっとずっと幸せでした。

シャンムーン　（幕内で歌う）香りのよい花々よ、山の尾根伝いに咲き誇っている。私の美しいザンブー姫、月の光が香（かぐわ）しい宝石のようなあなたに降り注いで一つになったとき、神が作ったかのように美しく、清らかでたおやかな美女の姿を私は見ました。丸い宝石のような瞳よ、私達二人は肩を並べて森の中を歩き、共に楽しく原野を下ってきただけですが、この世のものとは思われないあなたとの愛情が深まって、沢山のあれこれのことが本当に楽しかった。（二人で歩いて登場）

ザンブー姫　（語る）シャンムーン皇子、私たちは花園に着きました。

（シャンムーン、数歩歩きかけてまた引き返す）

ザンブー姫　（語る）シャンムーン皇子、どうして引き返すのですか？

シャンムーン　（語る）姫、私は間違いを犯しました。

ザンブー姫　（語る）あなたは私を救い出し、ずっと優しくして下さっているのに、何の間違いがあるのですか？

シャンムーン　（語る）国の礼儀作法から言えば、剣を持ってご両親にお会いするのは非礼なことです[56]。

56　①ジャータカ風物語と②古タイ劇では貴重品をなくすのを恐れて、④ザンハ叙事詩では、夢でサワリたちと諍いになることを予感し、粗暴なサワリと争わない決心をして宝剣と玉弓を置いていく。

ザンブー姫　（語る）確かにそうかもしれません。それに私の兄は凶暴で野蛮なので、玉弓を見たら、きっと欲しくなって涎（よだれ）を垂らすことでしょう。私達は武器を隠してから宮殿に行くことにしましょう。

シャンムーン　（語る）うん、そうしよう。（二人、先へ進む）

娘1　（語る）ザンブー姫が来たわ！ザンブー姫が来たわ！

（老若男女の民衆が出てきて語る）どこに？どこに？

娘2　（語る）あそこよ。それに男の人を一人連れているわ。

民衆全員　（一緒に語る）行こう。みんなで迎えに行こう。

家来二人　（登場）どけ、どけ、どけ。

民衆　（二列に分かれて立ち、手を合わせてお辞儀する）

摂政サワリ　（登場して語る）ザンブー姫はどこにいる？

民衆　（一緒に語る）歩いてきます、こっちに歩いてきますよ。
（シャンムーンとザンブー姫が共に登場、娘たちが迎えに行く）

娘二人　（姫の手をとって歌う）天神が作った蓮華のように美しいザンブー姫が戻られたのを見て、私たちはとてもうれしうございます。本当に遠く離れていたのに、また故郷に戻ってこられました。

娘３、娘４　（共に歌う）美しいお姫様が微笑みを湛えて戻ってくる姿をご覧なさい。まるで以前よりもいっそうお美しくなられたみたい。

青年１、青年２　（皇子の手を取って歌う）そしてこのどこの誰とも分からない英俊な皇子が、姫と一緒に私たちの住む国へやってきました。

青年３、青年４　（共に歌う）ここでお会いすることになった前世の因縁を、知らないはずはありますまい。どうか、なぜここへ来たのか、私たちにはっきり分かるようにお話ししてください。

シャンムーン　（語る）私は…。

摂政サワリ　（大笑して語る）プィッ。こいつは人間ではないぞ。本当は私の妹ザンブー姫をさらって行ったあの大魔物だ。今度は人の姿に化けてやってきたのだ[57]。

シャンムーン、ザンブー　（共に拝跪して語る）われら二人、兄上様にお目にかかります。

摂政サワリ　（顔を背けて歩く）私はそいつは知らないぞ。

57　①ジャータカ風物語、②古タイ劇、④ザンハ叙事詩のいずれでも、サワリはいきなりここには現れない。①ジャータカ風物語と④ザンハ叙事詩では、二人はまず花園で人に会って経緯を話し、その報告を受けたサワリが迎えの象を遣わす。ザンブーとシャンムーンが入城する際、人だかりによってそれぞれの乗った象が前と後ろに隔てられ、先に入城したザンブーが知らないうちに後方のシャンムーンがサワリの手下に暴行され、捕えられる。②古タイ劇では、花園からの知らせを受けて迎えの象を差し向けるのはザンブーの両親で、サワリは城門の人だかりを見て二人に気づき、家来を差し向けて後方のシャンムーンだけを捕える。

ザンブー姫　（語る）私が災難から逃れて戻ってくることができたのは、ひとえにこの善良な恩人である皇子様のおかげです。ガンタウィクザ国の第三皇子で、名はシャンムーンとおっしゃいます。この方が私を故郷に連れ戻してくれたのです。

摂政サワリ　（語る）我が妹よ、お前は騙されているんだよ。コイツは本当は腹黒い一匹の大魔物なのだ。お前の兄の威光と強運に恐れをなして、すぐに人に変化して、お前を送り届けに来たのだ。（続けて歌う）人々が言うには、牙のギッシリ生えた凶暴な魔物が昔から洞穴に住んでいるそうだ。やつは呪文を唱えて天を欺き、辺りをすっかり暗くしてムアン[58]全体を目に見えなくすることができる。自由に空を飛びまわり、人に変身することもできる。宝刀を手に持って、森林のなかの広い洞窟に住んでいるのだ。もし誰かがそのあたりをうろついているのに出くわすと、やつは呪文をかけて何も話したり考えたりできなくさせる。そして体をすっかり食べてしまうのだ。もっともその悪い魔物がどれほど多くの人間を食べているか、やつの住む広い洞窟を見た者は誰もいないので、本当のところは分からないがな。

シャンムーン　（歌う）摂政閣下、あなたのおっしゃるような古い森に棲む長い牙の魔物は、本当に強い魔力を持っていて、ほとんどの人はかないません。人を食べようとして大声で吠えている魔物に出会ったとき、私は玉弓を持ち、ま

58　ᥛᥫᥒᥰ〔$\mathrm{m}ə\mathrm{ŋ}^{55}$〕タイ語で国や盆地を表す。徳宏では「ムーン」という発音に近い。

た宝剣も身に着けていました。やつは私にとびかかり、牙で噛みつこうとしましたが、私は輝く弓でやつの心臓を狙い撃って倒しました。これもまた、悪事を働きつくした末に、やつの命運が尽きて死んだということでしょう。野の花のように美しいザンブー姫は、そうしてようやく災難を逃れることができたのです。

摂政サワリ　（歌う）お前はただ一人きりだし、しかもお前の手には戦うための武器もないではないか。どうやって悪い魔物の命を絶つことができたというのだ。真っ赤なウソに決まっている。

シャンムーン　（語る）私の弓は…。

ザンブー姫　（シャンムーンに目配せして歌う）威光ある兄上さま、この皇子は洞窟に住む凶暴な魔物や餓鬼[59]などではありません。彼は本当に遠い国の都の天子を助ける皇子です。魔物にとらえられ、洞窟に幽閉された私に出会ったので、あなたの妹である私の困難を取り除き、恩を施し、苦難を解決してくれたのです。この方はそれまでいっしょに歩いてきた二人の勇士を失いました。そして、森林の中で悪い魔物を叩きのめし、退治したのです。白い梨のような美しい皇子は、右肩を負傷しましたが、それでも深い森の中で邪悪な魔物を退治して、息の根を止めたのです。それから皇子は私を連れて森を通り抜け、ここまでやって来ました。困難を乗り越えながら、一路故郷に連れ戻ってくださったのです。

この方は夜叉のような、邪悪な森の魔物ではあ

59　ᦔᦲᧆ ᦎᦱᧈ〔pit^{53} ta^{11}〕。

りません。私とすっかり恋仲になっていて、兄上の国の婿になるべき方なのです。

摂政サワリ　（独り言を言う）私はこの二人の愛情を断ち切らねばならない。妹はすでに勇敢なスラーイ王子のものなのだから。（ザンブー姫に語る）わが妹よ、私達があの大きな宴を開いたとき、すでにお前をスラーイ王子に与えた。お前は既に夫のある身なのだ。（シャンムーンに語る）お前が人であろうと魔物であろうとどうでもいい。私に分かっているのはただ、お前がとっくに決まっていた他家の縁談を壊しに来たということだけだ。お前は大ウソつきで、我が国の決まり事を覆しに来たんだ。家来たちよ、こいつを縛り上げろ。

（家来がシャンムーンを縛る）

シャンムーン　（語る）摂政閣下、私はあなたの妹を救い出して送り届けたのですよ。それなのにあなたは私を目の敵にするなんて、私はあなたを…。

ザンブー姫　（泣きながら語る）シャンムーン皇子！

第七幕　災難に陥るも福となる

場所：牢の中

（幕の中から兵士が叫ぶ）歩け、歩け！
（シャンムーンを縄で縛り、家来の一人が押す。

もう一人は灯籠を手に持って登場。サワリも続いて登場する）

摂政サワリ　（語る）私の妹は騙せても、私は騙せないぞ。お前は魔物だ！

シャンムーン　（語る）私は本当に人間で、人から皇子と称される者です。あなたの妹をここまで送り届けたのに、あなたのように邪悪で狂った人に出くわしてしまいました。今後、あなたにはいいことなどなにもありますまい。

摂政サワリ　（語る）まだ口汚くののしるつもりか。家来たち、急いでコイツを斬ってしまえ。

家来　（共に語る）はっ！かしこまりました。（シャンムーンを引っ立てて退場）

摂政サワリ　（歌う）まるで魔物のような嘘つきだ。そのうえ私を罵り、口答えし、これ以後私にいいことは起こらないなどと言いおった。それならまさに言った通り殺してやろう。これでヤツは私と争うことはないし、他の誰も、私の言うことに逆らえはしない[60]。（大声で笑う）

家来　（灯籠を持って出てきて語る）摂政閣下に申し上げます。皇帝陛下の聖旨では、夜間に人を殺してはならないことになっており、どんな罪人でも夜明けを待って処刑しなければなりません。それに、街の門番も門を開けようといたしません[61]。

摂政サワリ　（語る）それなら一晩生かしておくとしよう。お前たちはヤツが逃げないようによく見張っておけ。

家来　（語る）はっ！かしこまりました。

60　④ザンハ叙事詩ではザイワという正直者の召使がサワリを諫めるが聞き入れられないという一節がある。

61　④ザンハ叙事詩では、東西南北の守衛が夜処刑すべきでないという教訓話を家来にそれぞれ物語る。東門「食べたら若返るというマンゴーを、ある農民が皇太后に献上したところ、皇太后が死んでしまったので、農民はその夜のうちに処刑されてしまった。しかし、たまたまそのマンゴーの実が毒蛇にかまれていただけで、他の実はやはり若返りの実であり、農民に悪意はなかったことが分かった」。南門「昔、頭の良い白兎が子守をしていたところ、大蛇に襲われて子供が死んでしまった。兎は大蛇と戦って追い払ったが、子供の両親は兎が子供を殺したと勘違いして兎を殺してしまった。後から大蛇の死体が見つかり、両親は早とちりしたことを後悔した」。西門「ある国の男が、王女を逆恨みして彼女がいつも沐浴する湖に多くの竹杭を仕込んで殺そうとする。それに気付いた王女の愛

（二人はそれぞれ別方向に退場。家来がシャンムーンを引っ立てて、牢屋に押し入れる[62]。家来が二人で番をする）

シャンムーン （歌う）今や清く輝く玉のような生まれの皇子は枷にはめられている。そして、鉄の鎖で全身を痛くなるほど縛られている。思えば私が父母に暇乞いして各地を遍歴するようになってから、すでに素晴らしい地方をたくさん見てきた。しかし、摂政のサワリのように、あんなに邪悪で粗暴な国主はまだ見たことがない。あまりにもひどいので、本当に怒り心頭だ。宝石のような美女で彼の妹である姫の命を救ったのはこの私だというのに、妹をさらった魔物が送り返してきたのだと考えるなんて、本当に呆れてしまう。神がお作りになったたおやかな美女であるザンブー姫に、一体なぜあんな邪悪で愚かな実の兄がいるのだろうか。このように粗暴な悪い人が国主であれば、その国の人々は、一体どうして毎日を楽しく平穏に暮らすことができようか。

今は枷にはめられ、苦しい立場に陥っているが、心はまさにこの不正な狂った国主を懲らしめることを望んでやまない。死後、墓に入った身体から転生してでも、心は人々とともにあり、民の敵を討つと決意している。

ザンブー姫 （幕の中で歌う）まるで突然シクジャ神の斧が振り下ろされたようです。明日の朝早く、処刑人が私の皇子様を殺すのを待つ身となってしまいました。

犬が王女の衣服に噛みついて止めようとするが、狂犬になったと思われ、殺される。王女はいつものように湖に飛び込み、杭が体に刺さって死んでしまった」。北門「ある国王には二人の妃がいたが、王の留守中に一人が浮気をしてしまう。しかしこの妃はもう一方の貞節な王妃に濡れ衣を着せ、帰ってきた国王はよく確かめもせずに貞節なほうの王妃を殺してしまう」。①ジャータカ風物語では西門の守衛が白兎の話をし、北門の守衛が王女と愛犬の話をし、東門は単に門前払いをし、南門は弓矢で威嚇する。②古タイ劇では城門は二つで、最初の門の守衛は「ある若者が姫を救う」という占い師の予言があたったことを根拠に、シャンムーンが悪人であるとは思えないと語り、次の門の守衛は単に門前払いする。また、このように守衛に阻止させたのは、ワディワ小王国地方の天神の仕業ということになっている。

62　④ザンハ叙事詩では馬小屋に閉じこめられる。①ジャータカ風物語、②古タイ劇、④ザンハ叙事詩ではいずれも、ザンブー姫はこのとき侍女などから報告を受けてはじめて、シャンムーンが兄に捕らわれていることを知る。

（二人の侍女と共に登場、シャンムーンを見て語る）シャンムーン皇子！

（シャンムーンの方へ行く）

シャンムーン　（ザンブー姫の方へ近寄って語る）ザンブー姫！

（手を取り合って泣く。二人の家来は手を合わせて礼をし、退場する）

ザンブー姫　（歌う）今私はこの手で未来の天子を助け起こし、この方が悲しみを抱えて泣いているのを見ているばかり。鉄鎖を手で触れば、泣きたい気持ちになります。まるで誰かに心臓をえぐり出され、五臓六腑を切り裂かれる思いです。頼りになるあなた、離れて一晩になりますが、夜が明けないでほしい。皇子よ、まさか兄の怒りにふれて、棒でぶたれ、枷で監禁され、災難に陥るなんて。英俊な皇子よ、私はあなたのような頼もしい方のおかげで、魔物の住む険しい崖の洞窟と風に揺れる森から逃げてきました。金剛石のように美しい私が涙にくれていたのを、森や谷に別れを告げて、皇子（あなた）が連れ戻してくれたのです。それがなんと今は私の兄にいじわるされて、縄で縛られたり打（ぶ）たれたりして獄に繋がれています。ごらんなさい、美しかった体はただ流血で真っ赤になり、乾く暇もありません。私は目を潤ませ、手を伸ばして、私の体に纏った服を引き裂き、伏して泣きます。私の悲しみはいや増すばかり。輝くように美しい皇子様に言いましょう、私はまるで急に年を取ってしまったような気持ちだと。

63　ᦋᦲᧈ ᦋᦵᧉ〔tsi^{55} tse^{11}〕雲板。雲の形を象った平たい鐘で時報に使っていた。軽い澄んだ音がする。

（ジジェ[63]の音が一度鳴り響く）

侍女１　（語る）私の考えでは、シャンムーン皇子を救うには、あなた様のご両親である皇帝のところに行って、お二人から摂政閣下にお話ししてもらうべきです。

ザンブー姫　（語る）それならお前たちは私の代わりにすぐに行って、父母（おふたり）に話をしてきておくれ。私はシャンムーン皇子を守ります。

侍女二人　（語る）はっ！承知いたしました。（退場）

シャンムーン　（歌う）今私は、若くて、天神が降りてきたような、いくら愛しても飽き足りない姫に告げます。オリヅルランや白玉のような人よ、あなたの兄はライラックの香る葉のように美しい愛姫（あなた）の心を死ぬほど苦しめていますが、あまり悲しみ過ぎないでください。あなたの兄は、私たちが愛し合い、肩を並べる夫婦（ふうふ）になることを嫌っています。激しい一陣の風を起こして、私たちの幹や枝をへし折り、打ちこわし、断ち切ってしまおうとしているのです。お戻りなさい。あなたは私にとって、皮をむいた芭蕉の芯のように純粋で清らかでした。今、あなたの皇子はまもなく無一文のままで、愛しい姫から遠く離れて死んでしまうでしょう。二人はおそらくもう会うことはありません。バンダムの花のような白玉よ、私の姫は、すぐに元のきらびやかな宮殿にお戻りなさい。これから死のうとしている私のために、悲しい思いをして、心を乱す必要はありません。

侍女1、2　（共に登場して語る）ザンブー姫、ご両親の皇帝陛下と皇后陛下が、摂政閣下のところへ行ってお話ししたところ、言い争いになってしまいました。摂政閣下は、夜が明けたら何と言われようと処刑するとおっしゃって…。

ザンブー姫　（泣いて語る）シャンムーン皇子！

侍女1　（語る）こともあろうに、母上様は悲しみのあまり、気を失ってしまわれました。

ザンブー姫　（語る）天の神よ！

（手を合わせて天を拝み叩頭する。侍女が姫を助け起こし、姫は続けて歌う）侍女たちが顔を真っ赤にして語るのを耳にして、私はますます辛い。天神が下界に降りて来たような、軽やかに美しい皇后さまの瞳から涙が流れ、震えながら泣き叫ばれたとは。

（近寄ってシャンムーンの手を取り、歌う）群れなす星のように心の清い皇子様、私をかばってくださった恩人よ、故郷を離れてやってきたあなたは、魔物の手中にあった私の災難を終わらせてくれました。福多き偉大な皇子よ、思えば私は魔物の洞窟に入り込んでしまいましたが、私の皇子が心正しく情け深く、勇気を持って助けに来てくれました。摂政である兄が私をスラーイ王子に嫁がせようとしたそのとき、魔物が私をさらって洞窟の中に閉じ込めたのを、あなたが助け出してくれたのです。そしてあなたは私を連れて、共に笑みを絶やさず、森林を切り開いてきました。皇子（あなた）が先を行き、姫（わたし）が付き従い、共に深く相手を思いやりながら、道を楽しく歩いて来ましたね。
二人はたくさんのバンバウ花が咲き乱れる道を花々と共に楽しみながら歩きました。私は悲しみを癒してくれる恋人と隣り合うことができたと思っていました。心から愛しい人よ、山の尾根の林で、私たちは一晩共に過ごしましたね。しかし今はまた兄である摂政によって、処刑という災難に見舞われてしまいました。
私は悲しみに呆然と立ち尽くしています。二人の愛が人間界では許されないというなら、もうそれでも仕方がない。皇子よ、私は私の愛しい皇子（あなた）への証として、この髪飾りをさし上げることしかできません。
（髪飾りを引き抜いて歌う）皇子様、この私の代わりに身に着けて悲しみを癒し、忘れずにあの世まで持って行ってくださいね[64]。
（髪飾りを手渡すと、しばらくしてすぐ失神する。侍女がそれを助け起こす）

シャンムーン　（歌う）今、私は穢れのない、清く輝く鳳凰の形の髪飾りを受け取りました。十の悲哀、二十の苦悩がすでに我が身を圧倒し、両目からは連綿と涙が流れ、乾く暇もありません。地上に降りた天女のような姫よ、これから死んでいくこの皇子（わたし）のために、あれこれ心配しないでください。あなたはなんとか頑張って、人間界に留まるべきなのです。
美しい姫よ、たとえ愛情が何万本もの糸を固く捩（よ）り、深く編みこんだように固くても、姫よ、死が訪れるときは、蓮の花が風に吹かれて茎か

64　髪飾りのこの件（くだり）は新タイ劇にしかない。

ら落ち、遠く離れていくようなものです。私たちは、人間界の大地に住んでいますが、それでもある日、何かにつまずくようにして肉体は死を迎えます。あなたは私のために悲しみ、泣き叫び、悩みを引きずりすぎてはいけません。恩ある優しいご両親に仕えることも必要です。一日中私のために心を痛め、苦しみすぎてはいけません。人というものは、ひどい敵愾心を持っても、結局はただ自分に罰があたるだけなのです。徹底的に悪事を働けば、やがては命を失い、我が身を滅ぼすのみでしょう。どんなに空が曇っていても、またいつか綺麗に晴れるときがきます。勇敢に諦めなければ、敵（かたき）を討つための朝も来るでしょう。

ザンブー姫　（歌う）今、皇子さまのお話を聞いて、心の中まで温まると同時に、私の心はますます泣きたくなってきました。どれだけ悲しめばよいのでしょう。皇子（あなた）は私のために大変な苦労をして、衰弱してしまいました。どうしても、目の前にいる私の愛する皇子（あなた）を救いたい。なんという悲しみでしょう。たとえ、私たちの愛情が実らず、この世で結婚して共に過ごすことができないとしても、皇子さま、私はすでにあなたの妻になったつもりでいるのです。いっしょにいたい皇子さま、たとえあなたが先に逝ってしまったとしても、私は共に付いていきます。あなたはきっと待っていて、振り返ってあなたの妻である私の顔を見るでしょう。花の枝よ、たとえ私の皇子さまが死んでも、私はあなたのことを想って共に死にます。皇子さま、私は人のうわさ話になるような恥辱を担ってまで、この人間の世の中に住んでいたくありません。私は悲しみに立ち尽くすばかり。人間界の悲しみは他に比べるものもありません。五臓六腑に絡みつくようなこの苦しみは、この盆地よりももっと大きいのです。こんなに愛しているのに、しっかり結ばれる前に、こんな悲しみに遭遇してしまいました。皇子様、私とあなた、二人の愛情が願うのは、冥界に行ってそこで落ち合うことです。私は泣きながら、線香と蝋燭を持って来て、何度も祈りを捧げます。そして三界[65]に向かって、私たちの受けたたくさんの苦しみを訴えたいと思います。

(ザンブー姫、泣きながら退場。シャンムーンは牢屋の中で悲しみ、怒り続ける。家来が二人やってきて辺りを見回し、俯いて眠りこけてしまう。シクジャ神が登場)

シクジャ神　(登場して机の上に立って歌う)良いことをすればよい結果がもたらされ、功徳の報いがある。邪心を持って敵対すれば、貪瞋痴[66]のすべてが己の首や体にまとわりつく。今、私が玉眼で木の上から地上の各地を見渡したところ、類まれな聖なるアルアンを誰かが陥れて、枷をはめて牢屋に閉じ込めているではないか。これは死ぬにはふさわしくない運命であり、功徳によって助けられるべきだ。神の王である私は、雷の鳴る美しい空からはるばる降りてきて、アルアンを助けよう。

65　仏教で、欲界、色界、無色界の総称。生物が輪廻する境域。

66　仏教用語で、人間の根元的な三つの悪徳、すなわち貪欲・妬みや憎しみ・愚かさをさす。

神の王である私シクジャは、吉祥の霊言で三人の家来を惑わし、ぐっすりと眠らせた。呪文を唱えて鉄鎖を地面に落とすと、聖なるアルアンの体は鎖から離れるだろう。
行きなさい、皇子よ。これから何を考えるにしても、人々が好ましくない状態から抜け出せるよう助けるために、お前がやりたいと思うようにやりなさい。さあ、行きなさい！

（シャンムーンは牢から飛び出して退場する。シクジャも共に退場する。ジジェの音(ね)が五刻を告げる。家来がやってくる）

家来１　（語る）おい相棒、五刻を告げるジジェの音がしたぞ。もう夜が明けたろう？

家来２　（語る）そうかな。（二人は立ち上がって牢の中を見る）

家来１　（語る）シャンムーンは何処へ行った？

家来２　（語る）急げ！早く行って摂政閣下にお知らせしなければ、俺たちは殺されるかもしれないぞ。（二人退場）

第八幕　国に戻り、事情を話す

場所：ガンタウィクザ国の宮殿の中

（シャンムーンが弓と刀を持って道を歩いている）

シャンムーン　（歌う）不思議すぎて呆れるばかりだ。昨日私は枷に繋がれて牢屋に入っていたのに、うつらうつらとしばらく眠った後、いきなりこの故郷に戻っているとは[67]。見れば一筋の小川が国を分けるように流れているが、これもまさしく私が以前住んでいた故郷の様子そのままだ。おそらく天の神が私を憐れみ、枷から放して助けてくださったのだろう。今、私はここに深く頭を垂れ、膝をついて神の恩徳に礼拝します。

（跪いて合掌し、天の神に祈ってから立ち上がって歌う）見れば前方には本当に皇宮があって、装飾の鏡や、白い石灰や甍でピカピカ光っている。輝かしくも善良な私シャンムーンは、両親のもとに歩いていきます。（退場）[68]

（ガンタウィクザ国の玉座の間に、家来が四人立っている）

オワンバ大臣　（登場して歌う）今、貴族にして宰相という大任を負う私オワンバが、この朝日のなかを、皇宮へ、帝と相談するためにやってきました。瓦屋根の宮殿へ来て立っていると、ランマディカ皇子が真っ直ぐこちらへやってくるのが見えます。

第一皇子　（登場して歌う）今、太陽がいたるところ明るく照らす朝を迎えて、私ランマディカ皇子は金の玉座に坐します父上とお話しするためにやって来た。お二人はようやくお見えになったようだ。間もなく国を支配している父母がやってきて、上座に座るのを見るだろう。

（皇帝と皇后が、威風堂々と玉座に上って座る。侍女が皇后のそばに立ち、大臣二人がお

67　①ジャータカ風物語ではザンブー姫の祈りの力によってインドラが現れ、インドラが一瞬にしてシャンムーンを牢から救いだし、傷を癒す。シャンムーンは花園に隠しておいた神靴で空を飛んで故郷に帰る。②古タイ劇ではシクジャ神の遣わした二人の行商人に助けられたり、ガンタウィクザ国のある大臣の家で傷養生したりしたのち、第一王子からの迎えが来てようやく故郷にたどり着く。④ザンハ叙事詩では謎めいた白髪の老人がシャンムーンを救い出し、天駆ける馬車で故郷に送り届ける。

68　②古タイ劇では、ここにウィロハのエピソードが入る。ある国で王妃との密通事件を起こしたウィロハはガンボーザ国に逃げ込み、そこで大鵬の化け物を法術で退治して、サワリに召し抱えられ、国師となる。

目通りする）

皇帝　（歌う）今、明るい朝を迎えて国中が輝き、鳥やたくさんの虫の声がかしましい。我こそは真の皇帝であり、皇后を伴って房飾りのついた玉座に就いている。だれもが毎日思い出すのは、高貴な宝石の如き末の皇子のシャンムーンだ。あの善良な皇子は大宮殿を離れ、深い森を遍歴し続けてなかなか戻って来ないが、いったいどうしたことだろう。

皇后　（歌う）この煌びやかな宮殿に未だに帰って来ないのは、本当にどういうわけなのでしょう。年老いた父母（わたしたち）は、心配でなりません。

シャンムーン　（登場して歌う）私は白玉（はくぎょく）や金剛のように尊く若い末っ子の皇子。ここを離れてから着の身着のまま甍（いらか）輝く宮殿に到着した。急いで皇宮に入り、父上母上、その他善良な大臣たちにご挨拶しなくては。（歩いて入ってきて一礼し、語る）父上母上、息子シャンムーンが戻ってきました。お二人には、つつがなくお過ごしでしたか。

皇帝と皇后　（共に答える）もちろん、元気にしていたとも。

シャンムーン　（長兄の皇子に語る）弟シャンムーンが兄上にご機嫌をうかがいます。

第一皇子　（語る）私は気ままに暮らしているよ。弟よ、戻ったか。

シャンムーン　（語る）はい、戻ってまいりました。（オワンバたちに向き直って語る）大臣たちもみな変わりないですか？

オワンバ大臣　（語る）はい、楽しくやっております。

皇帝　（語る）シャンムーンよ、今回、家を出てどんなことがあったかね？

シャンムーン　（語る）はい。父上、母上、兄上、それに大臣の皆さん。私が各地を遍歴して大きなシワンダの森にさしかかったとき、野山の魔物がガンボーザ国の美しい姫を洞窟に閉じこめていることを知りました。私はその美しいザンブー姫を助け出しましたが、二人の家来は魔物に敗れて敢え無い最期を遂げました。私はザンブー姫のために魔物を打ち殺し、二人はまるで同じ枝に咲く花のように仲良くなりました。そして彼女を故郷へと送ってあげました。

ところが、彼女の兄は私こそが魔物であると言って私を陥れ、心臓をえぐって殺そうとしました。幸いにも、神々の王シクジャの慈悲によって、私は枷を外してもらい、牢から逃げて、やっと戻ってこられたのです。しかしザンブー姫と私はすでに言い交した仲になりました。なんとしても別れることはできません。彼女は鳳凰の髪飾りを私にくれたのです。大恩ある父上母上に謹んで申し上げます。どうぞ結納品を準備して、美しいザンブー姫に求婚しに行かせてください。

皇帝　（語る）ふむ。（しばらく髭をしごく）

第一皇子　（語る）求婚に行くだって？（父母の方を振り向き、合掌して語る）弟シャンムーンの話を聞いていると、本当に腹が立って火でも噴きそうになります。相手がこちらの頭の上に座るような侮辱をしているのに、それを忍んでまで求婚に行くことはない。私に言わせれば、大軍を準備して、ダッカソー国にいる二番目の弟と連絡を取り、やつらの国を挟み撃ちにするべきなのです。彼らと戦い、頭を抱えて逃げ出すような目に遭わせてやりましょう。

皇帝　（語る）ふむ。（髭をしごく）

シャンムーン　（合掌して礼をし、語る）父上、母上、出兵してはなりません。私のために、村や国を荒廃させてはいけません。タイ族の平民たちを、無駄に死なせるべきではないのです。

第一皇子　（語る）弟シャンムーンよ、ここへ来なさい、聞きたいことがある。（続けて歌う）お前は家来の勇士を失い、なおかつ魔物から負傷させられてまで、夜叉を討ち取り、美女ザンブーを災難から救った。それなのに相手は、その恩に報いようともせず、弟（おまえ）を縛り上げて苦しめるとはどういうことだ？しかもお前こそが美しいザンブー姫をさらった悪い魔物だと言いがかりをつけられて、ひどい目に遭わされて、お前はなぜそのことを肝に銘じようとしないんだ？

シャンムーン　（語る）兄上！（続けて歌う）私は両親の教えを深く心に刻んでいます。人助けをすることは功徳であり、現実に善果となると。ザンブー姫はまさに魔物にさらわれ、あわや餌食になろうかという災難に遭っていました。人がつらい目に遭っているのに、それを助けないのは道理に合わないでしょう。彼女の兄がデタラメに、私が本物の魔物であるなどと口から出まかせを言うのも、鉄の鎖でこの首を縛り上げるのも、道理をわきまえているとは言えません。

第一皇子　（語る）ああ、我が弟シャンムーンよ（続けて歌う）お前は美女ザンブーを災難から救い、寿命を延ばしてやったのに、その兄はお前が施した功徳をちっとも受け止めようとしない。その上お前は藤の生い茂る道を切り開き、森の中を苦労して通り抜け、姫を導いてその父母の小さな宮殿まで送り届けたのだ。それを、国としてのメンツも顧みず、打ったり殴ったりするとはどういうことだ。ひどい目に遭わせた上に、枷をはめて牢に入れるとはなにごとだ。お前はよく考え直せ。無数に受けた災難をしっかりと心に刻み、肝に銘じておくがよい。

シャンムーン　（語る）兄上、私たちは両親から経典の教えを聞いたではありませんか。なぜまた何度も詳しく話さねばならないのですか？美女が一人、人里隔てた谷のなかで、幾重にも森に囲まれていたから救ったのです。シクシク泣いている女性をどうして放っておくことができますか？仮りに放っておいて魔物に食われなかったとしても、虎や熊に会うかもしれません。緑の宝石のように美しいザンブー姫がたった一人でいるのを、放ッたらかしになんかできません。

第一皇子　（歌う）こんなに言っても私の忠告を

聞かないのか、お前は。もし神の王がお前を憐れんで守ってくれなかったら、とっくに殺されて逃げることすらできなかったはずだぞ。求婚することばかり考えている場合じゃない。十万、百万の兵を集めて統師し、相手ととことん戦うことこそ考えろ。

シャンムーン　（歌う）やり方は確かにいろいろあるでしょう。しかし村や国の掟としては、行き着くのはただひとつのこの道理です。すなわち、人でも神でも、総じて仁者なら、みな時の助けを得るものです。軍を集めてよその国の領土を犯し、戦うようなことをすべきではありません。

第一皇子　（語る）戦った方がよいと言っているだろ？

シャンムーン　（語る）戦うべきではありません。

第一皇子　（語る）戦うべきだ。

シャンムーン　（語る）戦うべきではありません。

皇帝　（語る）喧嘩はやめなさい。二人とも、この父が言うことも聞くがよい。（続けて歌う）よそのタイ族の国であるカンボーザと、兵を集めて戦うということだが、これは考えてみると本当に腹が立つ話だ。とはいえ、敵対しているのは邪悪な摂政サワリだけであって、ガンボーザ国のすべての人が皆彼のように無礼だというわけではあるまい。兵を集めて戦うのがよいか悪いかは別として、戦争のために臣民たちが死ぬのも、私の望むところではなく、喜べない。もし兵を興して戦い、その混乱の中でたくさんの人が殺し合って死に、死体の山ができたとしたら、それはよいこととは言えないし、そんなことが知れ渡って欲しくもない。
私達は慣習にのっとり、各種の贈り物を用意して求婚し、それが失敗したら、いよいよ兵馬を集めて戦争するのがいいだろう。

第一皇子、シャンムーン　（一緒に言う）はい！父上の仰せに従います[69]。

皇帝　（語る）大臣よ、すぐに行ってランディシンを呼んできなさい。

オワンバ大臣　（語る）はい、承知いたしました。
（退場して再びランディシンと共に登場）

ランディシン将軍　（語る）高貴な皇帝陛下に拝謁いたします。ご主人様、どのようなご命令でしょうか？

皇后　（歌う）お前は今から贈り物を準備し、ガンボーザ国へ行って、ザンブー姫に求婚してきておくれ。何人かの大臣もひき連れて、品物を送り届けるのがいいでしょう。質の良い玉（ぎょく）や金銀、絹織物などを吟味して、百品目ばかり取りそろえなさい。その他に、一つ一つがとても白くて高い値打ちのある宝石も。それぞれの贈り物はすべて百ずつ揃えなさい。良質の絹織物や金銀をきちんと並べて、準備すれば十分でしょう。嘶（いなな）く声も勇ましい壮健な馬を飾り、駒を並べて走って行きなさい。良馬もたっぷり百頭そろえて装飾を施し、にぎにぎしく行列して、求婚して来るのです。
すぐに固い牙をもった立派な象を探してきて、

69　①ジャータカ風物語では、すぐに出兵することが決まり、第一皇子が弟のマンタ皇子と舅のウェイサー国王にも加勢を頼み、ホーダイ国（ガンボーザ国）辺境の属国マンダランで合流し、千六百万の大軍となる。マンダラン国もガンタウィクザ国に帰順し、開戦の親書を交わしてそのまま戦争となる。求婚の挿話はない。②古タイ劇では皇帝も含めて皆主戦論に傾いていたが、シャンムーンがまず求婚の使者を送ることを提案すると、第一皇子ランマディカがすぐに賛成して支度にとりかかる。

たくさんお金をかけて宝石などで飾り付け、贈り物をその背中にのせて、早く行きなさい。

皇帝　（語る）ランディシンと大臣よ、二人で求婚の使いにたちなさい。向こうの国に行ったら、相手の答えを聞いて、二人ですぐに今後のことを判断するように。

ランディシン、オワンバ　（一緒に言う）はい！承知いたしました。（退場する）

皇帝　（歌う）今、沢山の大臣たちが宮殿を離れていくのが見える。私達は皆この美しい宮殿に戻り、一行の帰りを待つのがよかろう。

（全員退場する）

第九幕　贈り物を届けて求婚する

場所：ガンボーザ国の宮殿の中、花園。

（求婚使節の一団が歩いていく途上で）

ランディシン将軍　（歌う）今や我らの堂々とした大使節団は、宮殿を離れた。可愛い象や馬で列をなし、町中を愉快に練り歩けば、宮殿はますます遠ざかる。

オワンバ大臣　（歌う）楽隊に、赤い傘蓋[70]、それに孔雀の尾羽、一部には宮殿で使う拳型（こぶしがた）の指物（さしもの）も良く見える。威風堂々とみんなで歩いてきたが、私たちはいよいよ国を離れて深い山の森林に入った。皆で連れだって森の中を歩くのだ。

70　祭りや祝い事があるときに用意する品物の一つ。

ランディシン将軍　（語る）大臣様、私の見たところ、今回の求婚は、あまり期待できませんね。

オワンバ大臣　（語る）ランディシンよ、私たちはまだ到着してもいないのだから、あまり適当なことを言うもんじゃない。悲観的になりすぎてはいけないよ。本当にそうなったら、縁起でもない。

仲人１　（語る）大臣様、そうだとすると、仲人させられるアタシたちは、俗に言うあれでしょ？「よい結果になると仲立ちの恩は忘れられ、悪い結果は仲人のせいになる」。あーあ、行きたくなくなったわ。

仲人２　（語る）こういうのもあるよ。「役人には逆らえない。泥だらけの水牛にでも乗れと言われれば乗るしかない」。行かないと言ったってどうにもならないわよ。

オワンバ大臣　（語る）ことの良し悪しは到着して初めて分かるんだよ。さあ、行った、行った[71]！

（全員一緒に退場する。ランディシンが身なりを整えて再び登場し、歩きながら語る）

ランディシン将軍　（語る）求婚の遣いに来た私たち一行は、今日すでに玉（ぎょく）や金銀や絹織物を山ほど取り揃え、形を整えて知らせをやり、すでに威光輝くバプファ皇帝に謁見しました。閣下は、「これから摂政である息子と相談して、明日にも返事をしよう」とおっしゃいました。私は今からすぐに姫を捜しに行き、シャンムーン様の手紙を手渡しましょう[72]。

71　こののどかな道行のやりとりは新タイ劇にしかない。

72　②古タイ劇と④ザンハ叙事詩では、ランディシンは先にサワリと面会してからザンブー姫に会ってシャンムーンの手紙を渡す。

（花園にて）

ザンブー姫　（歌う）私は美しくてか弱く、心優しい美女のザンブー、恋人のシャンムーンがここを離れて以来、藤の枝や白いゲットウのように美しい私は苦しみ続け、憂鬱でなりません。頭を抱えたくなるような悲しみよ。人間世界の悲しみがすべて私の肩にのしかかっているのではないかしら。毎日片時も恋人の声を思い起こさないときはありません。私の心を満たす悲哀よ、体を満たす悲哀よ。お米がたくさんの倉に満ちるのならいいのに。未婚の女性（わたし）をこんなに心配させて、両目からはまるで川のように涙が流れます。輝かしい皇子よ、天神が降臨したような善人のシャンムーンは、すでに国境のどのあたりにいるのでしょう、お兄さま[73]。私は朝晩いつも、小さな緑色のオウム[74]が私のところにやってくることを待ち望んでいます。

（侍女がザンブー姫を支えて二歩歩く。ランディシンが出てきて、面前で膝をつき、お辞儀をする）

ランディシン将軍　（立ち上がって語る）ザンブー姫に拝謁いたします。

侍女１　（語る）お前は誰なの？道をさえぎるなんて。

ランディシン将軍　（語る）私はガンタウィクザ国の者で、名はランディシンと申します。シャンムーン皇子の遣いとして、ザンブー姫に手紙と金剛石[75]の指輪をお渡しに来ました。

（侍女一が手紙と指輪を受け取り、ザンブー

73　シャンムーンのこと。日本語の「背の君」のようなこと。

74　幸福の象徴。

75　後出の「緑宝石」の指輪のこと。こうした違いは文彩の範囲内である。

姫に手渡す）

ザンブー姫　（語る）シャンムーン皇子！

ランディシン将軍　（語る）今日、私たちはすでに贈り物を準備して、国々の掟のとおり、あなたさまのご両親に拝謁して、贈り物を届け、求婚しました。

（ザンブー姫が手紙を開けて読むと、シャンムーンの声が鸚鵡調の歌を歌う。全員聞き入る。ザンブー姫は聞きながら泣く）

シャンムーンの声が鸚鵡調の歌を歌う　私は天神が降臨したかのような善良な輝かしい皇子、シャンムーンです。手紙を書いて送ります。私は一万本の糸をより合わせて解けないほどに細かく一行ずつ説明して、記録した話を届けます。愛しくて決して飽きることのない君よ、美しい妹よ。あなたから離れた私は、枝々が幾重にも絡み合う森の木々の下にいます。私とあなた、二人の美しい愛情の強い力は、撚り合せて堅くなった絹に等しく、妨げるものは何もないと言えます。バンバオの花の香りよ。実際、二人は一緒にゲットウの生い茂る森を一緒に逃げて故郷に戻ってきました。しかし、二人の仲は引き裂かれ、不本意ながら静かに姫から離れました。愛しても愛し足りない君よ、私の美しい妹とは、愛情の絆があるのです。今ははからずも離れてしまいましたが、私は枝に着いたオリヅルランのように甘く香る美しいあなたを想っています。私の心はすでにまるで乾ききって痩せ細った筍のようにしぼんでいます。ガドー花の香りよ、美しい銀片を吹き付けた金のように美しい私の恋人ザンブー姫よ、あなたはまさか固く結びついたこの愛情を断ち切って、私から離れようと考えているのでしょうか？小枝に着いた花よ、あなたは私シャンムーンを愛したはず。まさか以前二人で交わした言葉を、どこかに忘れてしまったのではありますまいね。輝くゲットウの香りよ、私は毎日会いたいと望んでいますが、二人の愛情は邦境に隔たれてしまったので、こうして手紙で姫の消息を尋ねています。あなたはただ甘いことを言って、この真面目な私をだましたのでしょうか？極点に達した愛よ、緑の葉の上で、まさに咲こうとしている美しい赤や紫の文殊蘭の花に雨が滴っています。天神シクジャから授かったこの大切な枝こそは、すなわち私たちの愛情であり、玉のように高貴な種である私達二人に植えられた天界の物語なのです。

無数の蓮の香りよ、どうか、私の書いた文章の言わんとすることを汲み取ってください。姫よ、私の心はまるで王国の天にそびえる須弥山のようにどっしりとして、揺れ動くことはありません。善良なあなた、私は座っていても立っていても、あなたのことを考えてしまいます。たくさん言葉を交わして、強い愛情を二人で築き上げ、山中の深い森や巍巍たる崖の朝露を踏んで残した足跡は、まだ乾いていません。私が今手紙に書いているのは、絹織物や玉（ぎょく）を取りそろえて、よい人を派遣し、訪問させるということです。二人とも命を失うほどに固く愛し合うという誓いの言葉を、あなたは違えないでくださいね。すでに書くべきことは書きつくしました。私はこの手紙を十字に縛って印鑑を押しますが、中には私が身に着けていた模様のきれいな緑宝石（エメラルド）の指輪を入れ、私の願いを託してあなたに届けます。私の鸚鵡調の歌が届きますように。

ザンブー姫　（歌う）今、私は皇子の語る言葉を一行一行はっきりと聞き届けました。皇子は、私を捨てたり離れたりして、愛情を絶つことはないと言っています。なんと嬉しいことでしょう。今私の心はまるで、美しい水に満ちた井戸の中の明るい月のようです。来年、花園に花が咲くころ、私は愛する皇子に嫁ぐことができるかもしれません。（ランディシンに向かって歌う）皇子さまからの良き使者よ、シャンムーンが以前くれた金剛石の指輪を送り届けるのを手伝ってください。そうすればお前の功徳はまるで国を支えている大きな山のように、比べるものもないほどに尊く、絶大なものになるでしょう。心の広い使者よ、お前は誠心誠意、皇子の手紙を持って来てくれました。その功徳はとても大きく、悲しみに暮れていた私の心にしっかりと刻まれました。

ランディシン将軍　（語る）ザンブー姫、皇子と姫が仲良く肩を並べていっしょに暮らせますように。私ども家来もみな祝福します。

ザンブー姫　（語る）ありがとう、皆さん。

ランディシン将軍　（語る）どういたしまして、ザンブー姫。明日私はまたあなたのお父君（ちちぎみ）にお会いします。それではもう行きます。ごきげんよう。（ランディシン、退場）

ザンブー姫　（歌う）なんと嬉しいことでしょう。シャンムーン皇子から手紙が届くなんて。私はすっかり安心して、心の中であなたを待ち望んでいます。（喜んで侍女と手を握り合い、続けて歌う）気立てのよい二人の侍女よ、私たちはみんなで一緒に奥の部屋へ行って喜びを分かち合いましょう。（三人、幕の中へ退場）

（ガンボーザ国の玉座の場）

スーランタ大臣　（登場して歌う）私は筆頭大臣のスーランタだ。朝のさわやかな時間に、陛下と相談するためにこの皇宮へとやってきた。今私は輝かしい瓦の宮殿にやってきて、皇帝がこの玉座へとやってくるのを待ち望んでいる。

オワンダ大臣　（登場して歌う）私は威風堂々たる大官であり、本当の宰相である。私オワンダは皇帝を助けて国事を行なう補佐役だ。毎日真の天子としてタイ族を統治しているバブファ様の禄を食んでいる。朝になったので、宰相であるこの私は主君に拝謁するため、宮殿にやってきた。私はすでに厳粛な玉座の間に来ていて、天子がやってきて玉座にお座りになるのを待つばかりだ。

（皇帝バブファと皇后が登場、侍女が二人付き従う）

ガンボーザ国皇帝　（歌う）今や東の空が明るく

なり、星のまたたきが消え、朝露が降りて鶏が鳴いている。

ガンボーザ国皇后　（続けて歌う）私たち二人が玉座に上（のぼ）る刻限です。

（二人、玉座に上がり、座る）

ガンボーザ国皇帝　（歌う）私の名は高貴なパプファ。ガンボーザ国というタイ族の偉大な地域を統治している。天から下生した種子で大官を担い、一つの宮殿を統治している。私のそばにいるのは神の遣わした美しく心優しい皇后で、毎日毎晩高貴に輝く。二人は共に龍の巻きついた金の玉座に就いている。

ガンボーザ国皇后　（歌う）私たちには天神の遣わした良い子供たちがいます。一人は威光ある長男のサワリ、もう一人はその妹で、ヘウの花束のように美しいザンブー姫。

ガンボーザ国皇帝　（語る）妃よ。ガンタウィクザ国から、姫に求婚の遣いが来ている。婚約を許可するにしても、サワリにすぐに相談した方がいいだろう。

ガンボーザ国皇后　（語る）わが君、確かにそのとおりです。息子を呼んで聞いてみましょう。

ガンボーザ国皇帝　（語る）スーランタよ、行って摂政をすぐに呼んできなさい。

スーランタ大臣　（語る）はい、かしこまりました。（退場し、サワリと一緒に登場）

摂政サワリ　（語る）父上母上に拝謁いたします。私をお呼びになったのは、どのようなご用件ですか？

ガンボーザ国皇帝　（語る）摂政よ、ガンタウィクザ国から結納品がすでに到着している。私達の大切なザンブー姫に求婚しているのだが、私たちはお前に任せようと思う。姫によいように計らいなさい。

摂政サワリ　（語る）父上母上に謹んで申し上げます。ガンタウィクザは小さな国です。どうして私たちのこの偉大な国と比肩できましょうか。しかもシャンムーンというヤツはペテン師です。どうして安心して私の妹を嫁がせることができましょうか。

ガンボーザ国皇帝　（語る）摂政よ、お前は間違っている。シャンムーンはお前の妹を魔物の国から救い出したのだぞ。たしかに有能な若者だと言えるだろう。

摂政サワリ（語る）父上、他人の言うまやかしを信じてはいけません。

ガンボーザ国皇帝　（語る）シャンムーンとザンブーもすでに言い交（かわ）しているのだ。それに彼には恩もあることだから、私たちは結婚を許してやった方がいいだろう。

摂政サワリ　（語る）許してやらなくてもいいでしょう。

ガンボーザ国皇帝　（語る）許すべきだ。すぐにガンタウィクザ国の大臣もここに来る。我が子（おまえ）に善行を施す機会を与えてやろう。メンツはもう十分保てている。むしろ面目を失うことの無いようにしなさい[76]。

（語り終えると皇后と共に退場）

76　④ザンハ叙事詩では皇帝の顔を立ててサワリが会議を開き、大臣の一人がスラーイとの婚約を取り消してシャンムーンの求婚を受け入れる建議をするが、サワリに却下される。

家来　（登場して語る）摂政閣下に申し上げます。ガンタウィクザ国の大臣たちが来て、拝謁を求めております。

摂政サワリ　（語る）よかろう。呼び入れなさい。とにかく会ってみよう。

家来　（語る）はい、かしこまりました。（退場して、求婚の一団を案内しながら登場）

ランディシン将軍　（歌う）天神によって作られた良き官吏である私は、威光あるシャンムーン皇子の命令を受けて求婚に来ました。慣習にのっとり、道理に合わぬことのないように物事を進めたいと思います。

オワンバ大臣　（歌う）私たちは粗相の無いよう、礼を尽くして参りました。恐れかしこみ、丁寧にあいさつをして、拝謁いたします。

（二人ともに礼をする）

ランディシンとオワンバ　（共に語る）摂政閣下に拝謁いたします。

摂政サワリ　（語る）ふん。狼が鶏に年始参りにきたぞ。まったくロクなことはないな。

ランディシンとオワンバ　（共に語る）私たちは求婚に…。

摂政サワリ　（語る）黙れ。お前たちにはっきり言ってやる。妹は、国の宴を開いたときに、私がすでにスラーイ王子と婚約させたのだ。魔物と人を一緒にすることなどできるものか。

ランディシン将軍　（語る）なんと、摂政閣下。閣下は勘違いしておられます。我がシャンムーン皇子は高貴なよい主人であり、真実の天子となるアルアンです。私達は姫とすでに約束も交わしています。これを破ることはできません。どうか閣下のお慈悲を以て、お二人の望むように婚約させてください。

摂政サワリ　（語る）お前たちはよくもずうずうしくやって来られたものだな。シャンムーンは凶暴な魔物で、私の妹を攫（さら）って行ったのだ。なのに今またお前たちがやってきて姫をねだるとは。お前たちが持ってきた結納品とやらは、鉄の塊かなにかではないのか。

ランディシン将軍　（語る）摂政閣下！「どの谷にも虎が住み、どの国にも主（あるじ）がいる」、と申します。それなのにあなたは私達をこんなにも侮辱なさるのか。

摂政サワリ　（語る）侮辱どころじゃないぞ。俺はお前らのシャンムーンの首をはねて、ヤツの心臓を食ってやる。

ランディシン将軍　（語る）シャンムーン様の心臓を食うだって？お前にどれほどの才覚があるというのだ？

摂政サワリ　（語る）私に力がないだと？それなら七ソアックもある大きな石を、お前ならどうやって受け止める？

ランディシン将軍　（語る）私には大石など受け止められない。しかしお前に力があるなら、こっちの結納品をひっくり返してみせてはどうだ？

摂政サワリ　（語る）ふん！お前たちはここまで来て私を侮辱するのか。

（立ち上がり、力を込めて箱を押すが動かないので、足で花の入った容器を蹴り倒す）

摂政サワリ　（語る）お前たち、ヤツらを追い返せ！

（家来がやってきて求婚使節一行と押し合いになる）

ランディシン将軍　（大笑して語る）だいたい国を出る前から、お前はロクな奴じゃないと分かっていたさ。（玉座を弓で射抜き、カラカラと笑って、使節一行を引き連れて退場する）

摂政サワリ　（語る）者ども、スラーイ王子とウィロハ国師を急いで呼んで来い！

家来　（語る）ははっ。かしこまりました。

（いったん退場し、スラーイおよびウィロハを連れて登場）

ウィロハとスラーイ　（共に語る）摂政閣下、どのようなご用でしょうか？

摂政サワリ　（矢を指して語る）二人とも、見てくれ。

（スラーイが矢を抜く）

ウィロハ国師　（語る）これは不穏ですな。私の見るところでは、戦争になりそうです。

摂政サワリ　（語る）スラーイ王子、あなたは私の婿だよな？

スラーイ王子　（語る）私はとっくの昔にあなた様の婿のつもりです。

摂政サワリ　（語る）なら良かった。では早速サワティ国へ行って多くの兵を募り、我々両国で一緒にガンタウィクザ国に攻め入り、シャンムーンを殺してしまおう。そうしたら私の妹を奪いに来る者はいなくなる。

ウィロハ国師 （語る）もし討つなら、早ければ早いほど勝利は確実です。明日にも出兵しましょう。

摂政サワリ （語る）よし！（玉座近づいて座り、語る）今から、私はスラーイを将軍に、スーランタを兵隊長に任命し、自分は元帥となる。ウィロハ国師は軍師として兵の状況をよく見ていてほしい。明日すぐに彼らの国に侵攻する。家畜まで殺して焼き払い、一匹も逃がすな。

全員 （共に語る）ははーっ！かしこまりました！

（共に大笑し、幕が下りる）

第十幕：開戦

場所：戦場

（ガンボーザ国の兵卒が四人、行ったり来たりしている）

スーランタ大臣 （登場して歌う）勇敢な軍隊は国もとを離れ、城から何日も歩きに歩いて、すでにガンタウィクザ国とビトザンダ国[77]、二か国の辺境地帯にやってきた。

スラーイ王子 （登場して歌う）今、この勇者スラーイは象の群（むれ）と大軍を率いてすでに何日もかけてここへやってきた。人も馬も列をなし、

77　ビトザンダ国はおそらくガンタウィクザ国周辺の小国。

三十万を超えるほどの威容を誇る。あまりにも人数が多いので、全体を見ようにも見渡せないほどだ。勇士たちの兵力もゆうに一千万はあるし、これも実際数えると少なくないどころか、ずっと多い。一体どのあたりまで来たのだろうか。兵隊長たち、詳しく報告してくれ。

スーランタ大臣　（語る）スラーイ将軍に申し上げます。すでに国境（くにざかい）にさしかかりました。

スラーイ将軍　（語る）兵士たち！（兵士全員が共に答える：オー！）やつらを殺し、国土を滅ぼせ。突撃！

（兵隊たちは鬨の声をあげながら全員退場）

（ガンタウィクザ国の兵士四人が登場して立つ）

ランディシン将軍　（登場して歌う）豊かな知恵を身に着けたこのランディシンは、美しくやさしいザンブー姫に求婚をお知らせしたあの日から、ここへ戻ってきた。想えば、姫に求婚して、その兄が目をむいて私たちをひどく罵ったとき、私はすでにひどい戦争になると予測していたのだ。負けて国土が荒れることのないように、今こそいろいろな準備をしなければ。

シャンムーン　（登場して歌う）潔白な私シャンムーンは、辺境地帯を視察しにきた。

はじめ、私は刀や矛で人と戦うなんて、考えてはいなかった。私は二度も三度も摂政を根気よく諫めたが、彼はいつも凶暴な様子で、まるで愚かで頑固な水牛のようだった。そして今や、干戈を交えることは、どうしても避けられなくなってしまった。もはや、彼らが攻め入ってくるのを、迎え撃つしかない[78]。

家来　（登場して語る）シャンムーン様、スラーイが出兵して我が国に攻め込んできます。すでに二、三の村や村人に火を放っています。

シャンムーン　（語る）辺境の村をまわって、内地のほうへ向かって逃げるように知らせなさい。

家来　（語る）はっ！かしこまりました。（退場）

シャンムーン　（語る）ランディシンよ！この戦（いくさ）、私たちはどう戦うべきだろうか？

ランディシン　（語る）私の考えでは、彼らに少し攻め込ませておいて、向こうの力が分散して落ちてきたときに、周りから囲んで一か所ずつ奪還していくのがいいでしょう。

家来　（語る）シャンムーン様に申し上げます。スラーイの軍はすでに国の中ほどの川にまで到達しました。

シャンムーン　（語る）お前、また行って見てきておくれ。

家来　（語る）はっ！かしこまりました。（退場する）

シャンムーン　（語る）退却して、迎え撃とう。（全員退場）

スラーイ王子　（歌う）勇敢な猛将であるこのスラーイ将軍（おれさま）は、他国の王都を攻め破るために軍を率いて侵入した。私もお前たちも存分に戦い、無様（ぶざま）に口を開け放った死体でこの平野を埋め尽くそう。今既に近道を通って都の近くまで

78　①ジャータカ風物語では、ガンタウィクザ軍がガンボーザ国に侵攻し戦闘が数日続く。双方に多数死者が出るが、ガンボーザ国のウィロハは、死体が一部でも欠けていなければ戦死者を蘇らせる異能の持ち主であるため、次第にガンタウィクザ側が劣勢となる。②古タイ劇ではランディシンを元帥としてガンタウィクザ軍が侵攻し、スラーイ率いるガンボーザ側が応戦する。かつてザンブーの婿取りの宴に参加した三人の王子も参戦し、戦況の描写は複雑だが、総じてガンタウィクザ側が優勢である。④ザンハ叙事詩では、両軍の初戦はダカダニという古い町で始まり、リンダ将軍率いるガンボーザ軍をシャンムーンが撃破する。その後も戦いが続くが、ある晩シャンムーンはザンブー姫の幻を見、ウィロハを討てばガンボーザ軍は崩壊するという啓示を受ける。

来た。私は大声で命令しよう。敵のシャンムーンを殺せと。ヤツめ、どこに隠れているのか知らないが、急いで出て来るがいい。もし死を恐れるのなら、この私にたくさんの贈り物をして跪き、投降すればよい。その時は私も憐れんで、この国を戦争という災厄から解き放ってやろう。

バクザウゾアン王子　（登場）おいっ！（スラーイと戦う）

スラーイ王子　（歌う）私は天子の役人であり、将軍である。悪辣で気の狂った敵が飛び出してきたぞ。頭の悪い狂人よ、お前の名は何と言い、どこの国の者で、誰の頼みで出兵してきたのか、名のるついでに家族まで教えろ。私は目の前の小者は斬らないし殺さない。この有名な俺様は、臭い血で染まって汚れるのはいやだし、この戟（げき）の鋭利な刃（やいば）を穢（けが）したくもないからな。

バクザウゾアン王子　（歌う）私は抜刀してとびかかるところだが、この愚か者のスラーイがこちらの名を聞いている。俺はザンブー姫に求婚していた百王子のなかの一人、バクザウゾアンだ。まさか頭のなかに霧が出て、忘れてしまったのではあるまいな。お前のことはよく知ってるぞ。馬鹿力のスラーイだろ？お前たちは愚かなことを言い、無茶なマネをしでかして、シャンムーンの家に対して悪事を働いた。シャンムーンはザンブー姫に善行を施し、災難から無事に逃がしてあげたというのに。皇子は本物の宝石のように美しい姫を、魔物の手中から救ったんだぞ。なのにお前たちはさらに非道を尽くし、若いシャンムーン皇子を縛り上げた。その知らせはすぐ百王子たちに伝わったから、みんなそろって馳せ参じたのだ。

スラーイ王子　（大笑して語る）誰かと思ったら、大きな石を見てホウホウの態で逃げ出して、大小便を漏らしていたボロ傘王子じゃないか。オレたちはすでに宴の場で腕比べはしたはずだ。もう忘れたのか。お前を刀のサビにするのはかわいそうだから、早く引き返してシャンムーンをオレに献上しに来い。

バクザウゾアン王子　（語る）お前たちはもう十分悪事を働いた。むしろお前がサワリを縛り上げてこっちに献上するがいい。

スラーイ王子　（語る）ここでおしゃべりは無用だ。かかってこい！

（二人戦う。二度出入りし、スラーイが振り向きざまにバクザウゾアンを殺して、語る）兵士たち、追え！（兵士たちが全員登場、ヘンザウグップ王子とムンザウドイ王子も登場）

ヘンザウグップ王子　（歌う）私はヘンザウグップ王子、たった今戦場にやってきた。国王の下した命令を受けて、戦いに参集したのだ。

ムンザウドイ王子　（歌う）そして私ムンザウドイ王子はヘンザウグップ王子とともにここへ来て、スラーイを陥れるために、大きな溝を作ろうとしている。（続けて語る）兵士たちよ、溝を掘って敵軍を防げ。

スーランタ大臣　（登場して歌う）今、将軍である私スーランタは、悪い敵軍を追いかけて来た。（舞台を歩き回り、溝にはまって転ぶ。ヘンザウグップ王子の兵が彼を縛り上げる）

ムンザウドイ王子　（語る）本当はスラーイを捉えるために来たのだが、こんな奴がひっかかったぞ。

ヘンザウグップ王子　（語る）捕まえられたのだからだれでもよい。また捕まえるさ。

（兵隊たちが鬨の声をあげながら入ってくる。双方の兵士たちが行ったり来たりして戦い、サワリの兵を追い払う）

スラーイ王子　（歌う）俺は相手の兵に追われ、後ろから太鼓の音にせかされて、大急ぎで草むらの中を逃げて来た。わが大軍は今や花園のところまで退却した。ここに兵営を建てさせ、いったん退いて状況を見ることにしよう。（続いて語る）兵士たち！

兵隊　（共に答える）おお！

スラーイ王子　（語る）この花園の近くに兵営を建てる。ここが死に場所だと思え。

兵隊　（共に答える）ははっ、承知。（全員退場）

ランディシン将軍　（兵を率いて登場し、歌う）今、私は大軍と共に花園へやってきた。私たち主従は、みんなで各地をしっかりと包囲し、それから闘うのだ。

兵隊　（共に答える）ははっ、承知。（各自抜刀する）

ランディシン将軍　（歌う）われわれ主従は抜刀するときをずっと待っていた。私はこれから悪の敵軍に罵声を浴びせてやろう。悪人よ、お前たちは急いでこの花園を離れるがいい。もし行かないならこの場所へ攻め込んで、お前たちを焼き殺してしまうぞ。

ウィロハ国師　（兵を率いて登場し、歌う）私は今、よそ者が急にここにやってきて罵っているのを聞きつけた。お前は一体どこの誰で、なんという官職の者なのか。

ランディシン将軍　（歌う）私は今、ここにやってきて誰何（すいか）する敵の声を聴いている。何処から来たどういう者なのか、私の名を知りたいという。私の名はランディシン。多くの知恵を身に着けている。国の柱の聖山に登って以来、多くのことを学んできた。この国に出兵してきたお前こそ誰なのか、はっきり名乗ってもらいたい。戦争のお勉強にでも来たのか？

ウィロハ国師　（歌う）今、ランディシンという知恵ある者の名乗りを聞いた。私も同じ師について、洞窟で学んだ者だ。私はあの時大きな聖山の森の洞窟に住んで、天師ウィロハと名乗っていた軍師である。我々はどちらも同じ師について学んだ兄弟弟子だ。まさかお互いに軍を率いて戦うことになるとは、他人には笑い話に聞こえそうだな。

ランディシン将軍　（歌う）同じ師に学んでいたとはいえ、お前は今サワリという悪人に仕え、我らの出兵を促し、揚句に追い払われようとしているではないか。そういえばお前は洞窟にいたときからずっと天の邪鬼で、山を下りるときも、師匠はお前には免許を与えなかったな。

ウィロハ国師　（歌う）ここでいつまでも長話（ながばなし）してもしょうがない。それぞれの実力を発揮して、力比べをすればいい。私が今すぐウンパーウンパーと呪文を唱えたら、大小さまざまな無数の蜂がブンブンと飛んできて、敵軍の顔めがけて突撃し、噛みつくだろう。プィッ！

（指さすと蜂がやってくる）[79]

ランディシン将軍　（歌う）今、この広い知恵を備えたランディシン（わたし）は、はっきりと目の当たりにした。敵の呪文のせいで、無数の蜂やサソリが味方を襲いに来ているのだ。私は今ここで火の椀を握って呪文を唱え、それを投げすてよう。すると、すぐに大火が生じて、向こうの都へと燃え盛りながら迫っていくはずだ。プィッ！（火の椀を投げすてる）

ウィロハ国師　（歌う）今私は確かに炎が全国を覆っているのを見た。急いで呪文を唱え、雨を降らせて国中に注ぎかけなくては。プィッ！（指をさすと、雨が降ってくる）

ランディシン将軍　（歌う）今私は、敵が呪文を唱えてたくさんの雨を降らせ、火を消したのを見た。私は再び呪文を唱え、七たび風を吹かせて襲いかかろう。さらに呪文を唱えれば、石が飛び、塵や砂も吹き飛んで、相手の軍に大量に襲い掛かり、殺すだろう。プィッ！（呪文を唱えると風が吹き、石が飛んでくる）

ウィロハ国師　（歌う）石や砂が続々と吹き飛んで来たぞ。すぐにまた呪文を唱えて、池の水で

79　①ジャータカ風物語では、こうした法術合戦はシャンムーンとマンタ、サワリとスラーイが行なう。②古タイ劇ではランディシンとウィロハが戦うが、両者互角でランディシンの方から停戦を申し込む。④ザンハ叙事詩では具体的な法術合戦の描写はない。

それを一気に沈めてしまおう。プィッ！（呪文を唱えると水が出てくる）

ランディシン将軍　（歌う）あいつが呪文を唱えると水が池のようになったぞ。こっちもすぐに呪文を唱え、大きな山をたくさん積み上げて、盆地を塞いでしまおう。プィッ！（呪文を唱えると山ができる）

ウィロハ国師　（山が崩れてくるのを見て叫ぶ）アロー！（逃げて退場）

ランディシン将軍　（語る）いったいどこへ逃げるつもりだ？兵士たち、追え！

（全員一緒に退場）

（サワリとスラーイが共に登場）

摂政サワリ　（歌う）今われわれ二人は、このバンモイ花の香る花園に隠れて、国師が敵の悪者に追い払われるのを見てしまった。我らは戟と刀でもって、やつらを待ち伏せて殺すしかあるまい。

スラーイ王子　（歌う）あのシャンムーンの野郎を殺して返り血を浴びないかぎり、いつ大軍に停止を命じることができようか。どこの宮殿に戻ることができようか。とはいえもう何日も戦っているのに、野郎の姿を一度も見かけることがない。ヤツはいったいどこに逃げ隠れしているのだろう？

シャンムーン　（軍を率いて登場し、歌う）私は天神が地上に降りたような威光に満ちた若いシャンムーン皇子。軍を率いて、他所（よそ）のタイ族の国に攻め入った。そして実に粗暴な悪人であるサワリにまた会うことになった。隣にいるのは、スラーイとかいう男だな？

スラーイ王子　（語る）そうだ。スラーイ様だ。お前はシャンムーンだな？

シャンムーン　（語る）そうだ。（続けて歌う）お前たちがこんな道端に突っ立っているとは、まさか私が皇宮に出向くのを恐れ畏まって迎えに来たのか？

摂政サワリ　（歌う）その言葉を聞いて、怒りが火のようにフツフツと沸いてきた。刀や戟を振りかざし、大急ぎでとびかかるぞ。それ！

（双方戦い、シャンムーンは逃げる。サワリとスラーイは後を追って退場）

シャンムーン　（登場して歌う）今、善良な皇子である私が、この国に来て様子を見てみたが、双方の年若い兵士たちが屍の山を築くのは、いかにも損失が大きすぎる。私はよく考えなければならない。悪人を殺すためだからといって、民を死なせたり、害を与えたりするのはよくない。悪人といっても、国師をいれてほんの二、三人だ。知恵を巡らして、民に被害が及ばないようにするべきだ。私は尻尾を巻いて逃げるふりをして、兵を率いて撤退することにしよう。そして一人で引き返して、投降するといって相手を騙すのだ[80]。

（サワリとスラーイが追いかけて出てきて戦う。シャンムーンはわざと逃げる。サワリとスラーイは追いかけて一旦退場し、また登場する）

80　①ジャータカ風物語では、兵士の身命を惜しみ、投降するふりをしてウィロハを暗殺しようと進言するのはウェイサー国王である。②古タイ劇ではランディシンと第一王子ランマディカが共謀する。④ザンハ叙事詩ではある賢い大臣が献策し、ランディシンが実行する。

サワリ王子　（歌う）今我らは敵兵と戦い、シャンムーンを蹴散らした。しかしヤツは何度も何度も逃げおおせ、どこへ行ったのか分からない。

（一人の家来が白旗を担いで登場し、二人に挨拶する）

家来　（語る）摂政閣下に申し上げます。われらがシャンムーンの遣いでお二人のところに参りました。われわれは兵隊として戦いに来ましたが、それでは同じタイ族の国が共倒れすることになります。お二人にはどうか撤退してください。われわれは金銀財宝を準備して降伏し、あなた方の軍を受け入れます。

（サワリとスラーイ、共に大笑する）

摂政サワリ　（語る）それはいい！お前は戻ってシャンムーンに伝えろ。三日のうちに急いで来い。もし来なければお前たちを国中で皆殺しにするぞ。

家来　（語る）承りました。（退場する）

摂政サワリ　（歌う）こういうことなら、われわれはすぐに太鼓を打って軍をまとめ、三日のうちに駐屯地に戻るとしよう。

（すぐに太鼓が打ち鳴らされ、兵士たちが鬨の声をあげながら登場し、起立する）

摂政サワリ　（語る）軍営へ戻るぞ！（全員鬨の声をあげて退場）

第11幕　勝利して国を治める

場所：ガンボーザ国の花園の近くにある軍営

（サワリ、スラーイ、ウィロハの三人が堂々と登場して座る。兵士四人が両側に立つ）

摂政サワリ　（歌う）今、われらは白い花の咲く花園へと戻ってきた。私は各地の人びとに言おう。この国の禄を食み、世話になった私だが、三日で停戦できたぞ。

兵士　（声をそろえて）オー！仰せのとおりです。

摂政サワリ　（歌う）偉大な家臣である国師に言おう。われらが望むのは、彼らが恭しくやってきて、貢物をすることだけだ。

ウィロハ国師　（歌う）摂政閣下が今明言されたことを確かに承りました。聞けば遠くからやってきた敵軍は、貢物を届けたいと言ったそうですね。良いにしろ悪いにしろ、いったいどういうことになるのか、私たちはこの場所で、知らせを待ちたいと思います。

スラーイ王子　（語る）ええい、国師殿は考えすぎだ。やつらは勝てなかったから降参しに来るのだ。あのように逃がしてやったが、ここでヤツの首をはねることも出来るんだぞ。

家来　（登場して挨拶する）摂政閣下に申し上げます。もうすぐシャンムーンたちが大きな箱を担いで投降しに来ます。今、外に待機しております。

摂政サワリ　（語る）うむ。（退場）

（ランディシンと兵士四人が旗と箱を担いで登場）

ランディシン将軍（歌う）われらは大勢でこの花園へ歩いてきました。私は一群を率いて、高級な桃色の服を着た摂政のいる場所に入っていきます[81]。

（担いでいた人々は箱をおろし、ランディシンは花を乗せた竹の台を持って来て挨拶し、歌う）

今この賢い私ランディシンは、花の台を持って急いでここへやってまいりました。赤い光沢のある玉（ぎょく）や金を並べて、摂政閣下をほめたたえ、叩頭してその威勢に恐れかしこみ、低頭して和を乞うものです。幸多き摂政閣下、当初（はじめ）、私どもは物事の善悪をわきまえず、殿下の威信を犯してしまいました。あなたさまを容易に防ぎ、勝てると思いこんでいたのです。ところが実際に戦ってみると、この禍いの奴隷のような私たちは、幸多いあなたさまの敵ではありませんでした。そこで大急ぎで投降し、閣下の紅金色の宝石のような足下にひれ伏しております。どうかあなたさまの慈悲のお力添えをいただき、長い目で見ていただいて、平穏に事をお収めください。私どもはもう二度と他国を侵略したり、敵対したりいたしません。このとおり、頭を低くして罪を認めますから、すべて終わりにしてくだされば、決して逆らいはいたしません。このとおり私どもは頭を下げ、身を屈め、平身低

81　④ザンハ叙事詩では、ザンブーの幻に啓示をうけたシャンムーンがすぐにウィロハを殺すための会議を開き、ある大臣の献策を受け、降伏すると称してランディシンにからくりの箱をウィロハのもとに届けさせる。ランディシンが帰ったあと、ウィロハは計略にかかって絶命する。②古タイ劇でもウィロハが計略にかかって死ぬときには、ランディシンらは帰陣していて、その場にいない。

頭して殿下の紅金色の宝石のような足下にひれ伏し、奴隷となることを願い出ます。

摂政サワリ　（語る）宰相よ、立つがよい。（続けて歌う）今やこの国の摂政であり、統治者であるこのサワリは、遠国の勇敢な将軍が身を屈めて投降し、私に仕えたいと申し出るのを目の当たりにした。一目見ただけで、笑いが止まらない。少し話しただけで、うれしくて高笑いしてしまう。これからこの両国は一つの手の指のごとく、兄弟のように一致団結していくのだ。こんなに早く戦争になるとは思っていなかったが、お前たちがどうしても盾突くからこんなことになって、実に遺憾だ。そもそもお前たちはまちがいを犯したが、あとから身の程をわきまえるようになり、しかも米花[82]を散らした花の台まで用意して、この高貴な私に捧げたいと言うのだから、同意して許そうではないか。おまえたちに同情して慈悲心を起こし、平和の施しをしてやろう。以後毎年、このわれらがタイ族の国にそちらの民を遣わして、奉仕させるがよい。

82　米を煎ってはじけさせたもの。仏輿など神聖なものにふりまく。

スラーイ王子　（歌う）私は今やつらが身を低くしてこの幸多き施主に奉仕したいと耳触りのいいことを言うのを聞いて嬉しく思う。よしよし、これからわれらは兄と弟、かの国はわれらの属領となる。この知らせは輝かしい十六皇国三千王国に広く伝えられ、名声は群を抜くだろう。

ランディシン将軍　（語る）さあ、すでにあなたがたは私どもの奉仕を受けるとご承諾されました。それでは今ここで金銀財宝の箱をお受け取りになり、すぐにも中身をおあらためください。

摂政サワリ　（語る）よかろう。では婿殿スラーイよ、行って開けてみてくれ。

スラーイ王子　（語る）おう！（箱に歩み寄り、力を込めて開けようとするが開かない。語る）アロー！この箱はひどく重たくて開かないぞ。

摂政サワリ　（語る）七ソアック、一ワーもある巨石を受け止めたお前が、こんな箱一つ開けられないなんて、なぜそんなに無能になったのだ。

スラーイ王子　（語る）アゥ。でも本当に開かないのだ。義兄（あにじゃ）、来て試してみてくれ。

摂政サワリ　（語る）どけどけ、私が開けてやる。（近寄って開けようとするが開かない。ウィロハに「国師、あなたが開けてみてくれ」と言う）

ウィロハ国師　（語る）ご主君様、ちょっとこちらへ。（サワリを隅に連れて行って相談して語る）開けられないわけではないのですが、箱の中に入っているのは金銀宝石ではなく、宝刀と小さな鬼が隠れているのです。ある呪文をとなえれば、箱は開きますが、刀が飛び出してきて、私の首は地面に落ちてしまいます[83]。

摂政サワリ　（語る）向こうはもう投降しているではないか。まだそんなに人を疑ってどうしようというのだ。箱を開ける力がないなら、素直にそう言えばいいのに。

ウィロハ国師　（語る）それならあなた様がこの

83　①ジャータカ風物語では、この箱に呪文のからくりを仕掛けたのはマンタ皇子である。また、投降の使者たちは箱を置いて帰陣し、この場にはガンボーザ国の人びとしかいない。

金の椀を持ってひかえていてください。これにある薬を入れますから、もし刀があっというまに私の首を斬り落としたら、すぐにこの薬に浸してください。でないと私は死んでしまいます。

摂政サワリ　（語る）国師、まさかそんなことが起こるとは思えないが。（スラーイの方を向いて）婿殿、行って金の椀を持っていてやれ。

ウィロハ国師　（薬を金の椀の中に入れてから語る）スラーイ殿、あなたはこれをしっかり抱えていてください。（ウィロハが箱に近寄って呪文を唱えると、箱の中から火が起こり、刀が飛んできてウィロハの頭を切り落とす。頭が箱の中に落ちると箱の蓋がすぐに閉じ、空中に浮いて飛んで行ってしまう。スラーイは驚いて金の椀をとり落とし、サワリは剣を手に取ってランディシンに襲いかかる。ランディシンは火の椀を持って威嚇する）

スラーイ王子　（それを見て語る）義兄（あにき）、逃げろ！

ランディシン将軍　（火の椀を投げつけて語る）逃げ場などあるものか！

（スラーイは火に焼かれて死に、サワリは大やけどを負いながら逃げ去る[84]。）

ランディシン将軍　（語る）兵士たちよ、追撃して城に入れ！

兵士たち　（応じる）おう！（追撃しようとする）

（シャンムーン、ランマディカ第一皇子、スージッダ、オワンバが登場する）

シャンムーン　（語る）追う必要はない。悪者た

84　①ジャータカ風物語では、ウィロハの死後、サワリはあわてて他の属国にも援軍を頼むがすべて断られるばかりか、ガンタウィクザ側に寝返られてしまう。最後の決戦ではシャンムーンとマンタ、スラーイとサワリの間で再び法術合戦となり、マンタがサワリに重傷を負わせ、シャンムーンがスラーイの首を取る。決戦の場面では部下や加勢に来た小国の王や部下たちの戦いぶりも詳細に描写されている。②古タイ劇では、ウィロハの死後の決戦でランディシンが花園を焼き払い、その機にシャンムーンが花園に隠していた宝剣と玉弓を回収する。ランディシンはそれらの武器を使ってスラーイを射殺し、サワリに重傷を負わせて決着をつける。途中、シャンムーンが戦いの悲惨さを嘆き、ザンブー姫をあきらめて出家した方がよかったのではないかと悩む一幕がある。④ザンハ叙事詩では、ウィロハの死後、シャンムーンは花園の宝剣と玉弓を回収して最後の決戦に臨み、玉弓でスラーイを射殺し、サワリとは法術を駆使した死闘のあげく生け捕りにして兄ランマディカ皇子に引き渡す。

ちはもうみんな死んだのだから。

第一皇子　私たちは結納品を準備して、バプファ帝にお目にかかるとしよう。そしてザンブー姫の求婚に行くのがよいだろう。

（全員登場してシャンムーンの勝利を喜び、讃え、遠国から加勢に来た兵士たちをねぎらっていつまでも喜び合う）

家来　（登場して語る）シャンムーン様に申し上げます。ただ今、ガンボーザ国の幸多き皇帝が、象と馬の隊列を並べてこちらに向かっております。あなたさまを皇宮にお迎えしたいとのことです。

シャンムーン　（語る）戻って陛下にお伝えください。私たちは結納品を持って宮殿へ向かい、すぐにも陛下と皇后さまのお二人にお目にかかります、と。

家来　（語る）ははっ！（立ち上がって退場する）

（まず二人の兵士が帯刀して現われ、オワンダ大臣が花の盆を抱えて続き、皇帝バプファと皇后が一緒に登場する。侍女も二人付き添う。ランマディカ皇子とシャンムーン、大臣たちが叩頭する）

シャンムーンと第一皇子　（語る）皇帝陛下にお目にかかります。

ガンボーザ皇帝　（語る）よろしい、どうぞお立ちなさい。（続けて歌う）私は月の下で国を治める天神の下生した姿である。かの将軍や大臣たちは、さまざまの結納品をとりそろえ、こうして迎えに来てくれた。あの邪悪な心根の親不孝者はとうとう死んでしまい、今生き残っているのは普通の善良な民衆の男女ばかりだ[85]。これからはみんなよく忍耐して、争い事など起こさないでおくれ。私は今、この天の都を思いのままに、あなたがたに譲り渡そうと思う。われら主従は花の盆を用意して心を静め、美しく髪を結い上げた高貴な麗しいザンブー姫をあなたがたに嫁がせようと思う。（続いて語る）誰か、ザンブー姫を呼んでおいで。

家来　（応じて）ははっ！（いったん退場し、ザンブー姫と侍女をつれて登場する）

ザンブー姫　（歌う）今や美しく大人になったこのザンブー姫（わたし）は、素敵な皇子が私を迎えに来てくれたという知らせを耳にしました。

ガンボーザ皇后　（語る）異国の皇太子と大臣の皆さん、私にはこの娘と長男しか子供がおりません。しかも長男は私たちの言うことを聞かずに悪事をはたらき、ついには火に焼かれて皇宮にもどり、悲しみと恥ずかしさに悶えながら一生を終えてしまいました。今はただこの清らかで見目麗しいザンブー姫がいるだけです。この娘は三男のシャンムーン皇子に嫁がせますが、どうかシャンムーン皇子には、このガンボーザ国にいつまでもいて欲しいのです。

オワンダ大臣　（花の盆を持って屈み、語る）シャンムーン皇子をこの宮殿につつしんでお迎えいたします。

第一皇子　（花の盆を受け取って語る）このことについては、私がシャンムーンの兄として、う

85　①ジャータカ風物語では、ガンタウィクザ国の第一皇子がサワリを処刑しようとするのをシャンムーンがとりなし、引き続きガンボーザ国を統治させる。しかしサワリが敗北を受け入れられず、食を絶って自死したため、ガンボーザ国皇帝の要請でシャンムーンが跡を継ぐことになる。②古タイ劇では、ガンボーザ国皇帝の殊勝な態度に免じて第一皇子ランマディカがサワリを許すが、ランマディカたちが撤兵して間もなく、サワリは悲嘆のうちに死ぬ。ガンボーザ国からの要請により、シャンムーンがザンブーとランディシンを連れて引き返し、皇位を継承する。④ザンハ叙事詩では、ガンボーザ皇帝は息子サワリが死ぬ前に皇帝の器ではないと見切りをつけ、シャンムーンに皇位を継ぐよう要請するが、シャンムーンは辞退する。三か月後、サワリが失意のうちに亡くなり、シャンムーンは皇位を継承する。

まく計らいましょう。まずはここできちんと婚約して、両親にご報告しなければ。

オワンダ大臣　（ザンブーとシャンムーンの手をとって語る）シャンムーン様、ザンブー様、ご両親に一礼なさってください。

シャンムーンとザンブー　（語る）ははっ！（一緒に拝跪する）

オワンダ大臣　（語る）次に、兄上様と大臣たちに一礼なさってください。

シャンムーンとザンブー　（語る）ははっ！

（ランマディカ第一皇子と大臣たちに一緒に拝跪する。幕が下り、劇が終わる）

終幕の歌[86]

蓮華の香りよ、これでアルアン・シャンムーンの劇は終わりです。今やこの物語は、われらがタイの国に毎日咲き誇る花の一つとなりました。兄弟姉妹たちよ、善い行いをすればいつかは平安な日々を迎えることができ、もしも貪瞋痴に固執して悪事を続ければ、悲惨な目に遭うしかないということを、私たちは語りました。善良なシャンムーンと悪人のサワリのことを、どうかよく覚えていてください。誰が善で誰が悪か、老いも若きも肝に銘じてください。これも昔から今に連綿と伝えられてきたことなのです。もしも経典の法を実践しないならば、サワリのように悪い報いを受けることにな

86　幕が閉まった後、この歌が流れる。しかし歌の内容は書籍用に書き直されたようである。

るのです。よく香る菊の花よ、この文章は、町に暮らす刀[87]家の痩せた文人である私が筆を執って書きました。法を説く文章を一行一行まとめて、縦線横線を細かに操って整理したのです。有意義な書となるように、物語のあらゆる部分をすべて集めて叙述すると、脚本としては読みにくくなるので、面白い部分だけを取り出し、面白くないところは捨てて書きました。もしこの中でどこか情理に合わない部分があったら、どうか指摘して教えてください。それではもう終わりにしましょう。この脚本は、読者の方にゆっくり何度も見直してもらうことにしましょう。睡眠はちゃんととるようにしてくださいね。それでは三世代の皆さん[88]、どうもありがとうございました。

87 [illegible]〔hən^{55} pha^{35}〕「家、刀」。刀という姓の家。盈江の土司と同門の名家である。

88 「老年・壮年・幼年、あらゆる世代のみなさん」の意。

参考文献（出版年度順）

袁勃　1959

「一部優美生動的叙事詩」『民間文学』第 7 期：82-84。

孫殊青編　1961

「関于《娥并与桑洛》的討論」『民間文学』8 月：3-15。

朱澤吉　1961

「関于《娥并与桑洛》的討論：就《娥并与桑洛》談如何評価民間文学遺産的問題」『民間文学』10 月：81-87。

祜巴勐著、岩温扁訳　1981

『論傣族詩歌』雲南少数民族文学叢書　中国民間文学出版社。

潜明兹　1981

「一顆成熟的金芒果：《相勐》与英雄史詩比較研究」『民間文学』10 号：70-78。

中国社会科学院少数民族文学研究所雲南分所、雲南省社会科学院民族民間文学研究所、中国民間文芸研究会雲南分会編　1981

『金湖之神：傣族文学資料之一』傣族文学資料之一　中国民間文芸出版社。

《山茶》編輯部編　1982

『傣族文学討論会論文集』中国民間文芸出版社。

潜明兹　1983

「民間文学講座：英雄史詩浅釈」『民間文学』1 月：84-88。

刀安禄、楊永生編著　1984

『刀安仁年譜：1872-1913』徳宏民族出版社。

盈江県文化館収集・刀保炬整理　1985

『ᥔᥣᥒᥴ ᥛᥫᥒᥰ（シャンムーン）』徳宏民族出版社。

楊明、顧峰主編　1986

『滇劇史』中国戯曲劇種史叢書　中国戯劇出版社。

西双版納傣族自治州民族事務委員会編　1988

『傣族文学簡史』雲南民族出版社。

徳宏傣族景頗族自治州文化局編　1992

『傣劇誌』文化芸術出版社。

施之華　1995
『傣劇芸術与社会文化』雲南民族出版社。
刀承華　1997
『傣族文学研究』雲南大学出版社。
徳宏州政協文史和学習委員会編　1997
『徳宏土司専輯』徳宏州文史資料選輯第十輯　徳宏民族出版社。
盈江県誌編纂委員会編　1997
『盈江県誌』雲南民族出版社。
王勝華　2000
『雲南民族戯劇論』雲南大学出版社。
徳宏州文化局・徳宏州民族芸術研究所編　2001
『徳宏傣族景頗族自治州　文化芸術志』出版社不詳。
政協隴川県文史委、隴川県史志辦編　2002
『戸撒史話』雲南民族出版社。
張明耕　2004
『刀安仁伝』香港天馬図書有限公司。
王松　2007
「偉大的傣民族的精神遺産：序史詩《相勐》、悲劇叙事詩《宛納帕麗》《婻波冠》」『版納』第4期：66-74。
西双版納傣族自治州人民政府編　2009
『召相勐喃宗布』雲南民族出版社。

松本光太郎　1987
「「漢族の子孫」としての少数民族」『民族学研究』52-3 : 246-257。
横山廣子　1997
「少数民族の政治とディスコース」『岩波講座文化人類学第五巻　民族の生成と論理』岩波書店、166-198ページ。

あとがき

まず、戯曲「シャンムーン」の和訳にあたっては、多くの徳宏タイ族の人々、とりわけ岳小保さんに大変お世話になりましたので、ここで謝意を示すとともに、簡単にご紹介いたします。

岳さんは1949年6月、盈江県弄璋の徳宏タイ族の村に生まれました。普通に暮らしていける「中農」の家でしたが、大躍進等の社会的混乱の影響で、小学校に上がったのはようやく1964年になってからでした。7、8歳の頃はタイ語しか話せませんでしたが、学校や近所の漢族の村、それに下放されてきた河南人などのなかに漢族の友達ができ、徐々に中国語が話せるようになりました。しかし学校生活は性に合わず、文化大革命が始まったこともあって、小学校は一年でやめ、耕読学校に通ったり、「裸足の医者」になったりしながら、持ち前の好奇心でさまざまな知識を吸収していきました。1973年に雲南民族学院に入学し、古いタイ文字を本格的に勉強したことで、岳さんは徳宏タイ語の古い文献を読みこなすと同時に中国語翻訳もできる貴重な知識人へと育っていきました。卒業後は盈江県で城関鎮共産党青年団委員副書記を皮切りに、文化放送局副局長、平原鎮鎮長、文化局局長などを歴任、1990年から潞西県芒市にも仕事の拠点を置くようになり、徳宏民族出版社副社長、徳宏州民族語文委員会事務室主任などを務めました。退職した現在でも、テレビやラジオで徳宏タイ語教育に取り組んだり、徳宏タイ語で小説を発表したり、古文献の収集・保管・解読を行なったり、八面六臂の活躍をしています。いつもにこにこと快活で、少々やんちゃでせっかちなところがあるにもかかわらず、「シャンムーン」の翻訳作業のために、何時間も根気強く私の質問に答えてくれました。

本書の企画をお受けしたとき、私は一応岳さんをはじめとする徳宏タイ族の方々に、「どの作品を日本人に紹介したいか」と質問してみました。圧倒的に多かったのは、「オーペムとサムロー」という答えでした。しかし、徳宏には「オーペムとサムロー」以外の文学はないと錯覚しそうなほどにアイコンとして固定化していたので、私の一存で敬遠しました。「オーペムとサムロー」については、中国語による翻訳や解説が大量にありますので、中国語の読める方はそちらをご覧ください。次に私が気になったのは、「五つの金の卵」という物語でした。これは、漢語にも精通した岳さんのような“都会的”知識人よりも、各村の寺で写経しながら管理人をしているような“村の生き字引”タイプの知識人が、タイ族にとって大切だと考えている物語です。金色の卵からゴッカサン、ゴラコン、カサバ、ゴータマ、アリメテヤの５仏祖が生まれるという話で、アルアンの物語自体の縁起譚になっています。上座仏教のジャータカに徳宏ならではの民話的要素が融合したような趣があり、私自身大いに関心を持ったのですが、今回訳出した「シャンムーン」よりさらに長大で、パーリ語も大量に入り込んで一層難解となるため、物理的に今回の企画には間に合わないと判断しました。結局、徳宏タイ劇と徳宏の近代史を同時に紹介できる手ごろな作品として「シャンムーン」を選びましたが、他の二作品を選ばなかったという点で、徳宏タイ族の人々の期待に応えそこねたような気もしています。今後、もし機会があれば、特に「五つの金の卵」のほうは、じっくり読んでみたいと思います。

また、本書のもととなった調査及び翻訳作業の一部は、JSPS科研費23520082の助成を受けて行なわれました。

最後に、本書の出版に当っては、雄山閣や東京外国語大学アジアアフリカ研究所の方々に大きな御助力をいただきました。ここに感謝の意を表します。

長谷千代子（ながたに　ちよこ）

1970年鹿児島県生まれ
2003年、九州大学大学院文学研究科博士課程を単位修得退学。博士（文学）。
徳宏タイ族の宗教と文化に関する研究で、平成21年度日本宗教学会賞、国際宗教研究所賞受賞。
現在、九州大学大学院比較社会文化研究院講師。

主要著書・論文

『文化の政治と生活の詩学 — 中国雲南省徳宏タイ族の日常的実践 —』（風響社、2007年）、The Appearance of 'Religious Culture' -From the Viewpoint of Tourism and Everyday life in Dehong, Yunnan（2010, Min Han, Nelson Graburn ed., Tourism and Glocalization: Perspectives on East Asian Societies, Senri Ethnological Studies 76.）、「「宗教文化」と現代中国：雲南省徳宏州における少数民族文化の観光資源化」（川口幸大、瀬川昌久編『現代中国の宗教：信仰と社会をめぐる民族誌』昭和堂、2013年）、ほか。

平成26年3月25日　発行

東京外国語大学
アジア・アフリカ言語文化研究所
叢書 知られざるアジアの言語文化Ⅷ

シャンムーン
— 雲南省・徳宏タイ劇の世界 —

訳著者　長谷 千代子
発行者　宮田 哲男
発行　雄山閣
〒102-0071
東京都千代田区富士見２－６－９
TEL03-3262-3231　FAX03-3262-6938
http://www.yuzankaku.co.jp

印刷・製本　株式会社 ティーケー出版印刷

N.D.C.389
ISBN 978-4-639-02305-0 C3022
192p 22cm